JEAN-CLAUDE LEBRUN

JEAN
ROUAUD

Domaine français

ÉDITIONS DU ROCHER
Jean-Paul Bertrand

© Éditions du Rocher, 1996

ISBN 2 268 02478 4

INTRODUCTION

À la fin de l'été 1990 un inconnu fait irruption dans le paysage littéraire. Il s'appelle Jean Rouaud et vient de rédiger un petit roman de cent soixante-dix pages, *Les Champs d'honneur*. C'est le début d'un fulgurant succès. À trente-huit ans, ce fils de petits commerçants de la région nantaise se trouve soudain projeté sur le devant de la scène. Une légende se tisse même autour de lui : celle du modeste kiosquier parisien promu à la notoriété par un coup de baguette magique. C'est oublier un peu vite les années de travail pour en arriver là, et les difficultés de tous ordres dans une vie qui n'eut rien d'un long fleuve tranquille.

Dès après son bac C, la filière d'excellence à vocation scientifique, Jean Rouaud quitte Saint-Nazaire, où il a suivi des études secondaires, pour Nantes, où il s'inscrit comme étudiant en... lettres. C'est le premier grand virage de sa vie. Sa maîtrise en poche, il choisira de ne pas se présenter à ce qui apparaît comme l'aboutissement naturel des études littéraires, les concours de recrutement de l'enseignement secondaire. Dès lors il ira de petit boulot en petit boulot, jusqu'à ce que, en 1978, il entre au journal *Presse-Océan*, service des téléscripteurs. Déjà il fait son chemin, puisqu'on le retrouve bientôt comme billetiste à la une de *L'Éclair* de Nantes. L'aventure durera exactement dix-huit mois : le temps que Robert Hersant, propriétaire du titre, le mette à la porte.

On le retrouve ensuite à Paris, employé dans une librairie spécialisée dans les soldes de livres d'art, près du centre Pompidou. Vient alors la décision, en 1983, de prendre en charge, avec deux autres partenaires, un kiosque à journaux où l'on se relaiera suivant le principe du tiers-temps. La pittoresque histoire du kiosquier inconnu rattrapé par le succès et les honneurs commence... Grâce au kiosque tournant, Jean Rouaud put se consacrer à temps plein à l'écriture romanesque, pour laquelle il avait opté à la fin des années soixante-dix, en rupture avec de premiers essais littéraires plutôt orientés vers le brouillage du sens.

Un premier gros roman voit alors le jour, dont l'unique exemplaire fait s'interroger les Éditions du Seuil, puis paraît devoir être accepté chez Denoël, avant de se heurter au barrage des services commerciaux, alertés par son épaisseur. Dans la période 1986-1987 Jean Rouaud adresse alors à Jérôme Lindon, aux Éditions de Minuit, un court texte que celui-ci refuse en l'état, mais pour lui suggérer de l'élargir aux plus vastes ambitions d'un roman. Ce sera *Les Champs d'honneur*, suivi en 1993 par *Des hommes illustres*. Un auteur à succès était né. Peut-être parce qu'il arrivait à un moment opportun, avec ces deux petits livres sur lesquels souffle comme un air de passé, portés par l'audacieux projet de nous faire revisiter un demi-siècle d'histoire, depuis la Grande Guerre jusqu'au début des années soixante, avec passage obligé par la Seconde Guerre mondiale. Même si, curieusement, tous les grands événements qui scandèrent ces années en paraissent absents. De la même façon que les grandes figures qui les marquèrent. À leurs places c'est en effet une famille qui s'approprie le devant de la scène, et un coin de l'ancien département de la Loire-Inférieure qui impose son décor. La propre chronique familiale de l'auteur fournissant le scénario de la pièce. Ingrédients banals pour une œuvre rien moins que banale, qui contraint le regard à continûment accommoder. Avec des personnages qui cèdent un instant leur place à des paysages, puis à des objets, puis à des scènes de la vie quotidienne, puis occupent à nouveau le premier plan, en un apparent désordre du récit redoublant d'autres désordres : d'abord ceux d'une mémoire en forme d'écheveau, avec ses intrications et ses superpositions, qui interdisent de retrouver la linéarité rassurante d'une chronologie en ordre de lecture. Et, à une plus vaste échelle, ceux d'un monde qui, non content d'additionner les cataclysmes de deux conflits mondiaux, s'est employé à révolutionner son visage ancestral en l'espace de quelques décennies.

D'un côté les guerres, de l'autre le remembrement et l'univers des Trente glorieuses, le tout vécu pour l'essentiel au cœur d'un bourg de la région nantaise, telle pourrait apparaître la combinaison qui a donné naissance aux livres de Jean Rouaud et nous les rend finalement si proches, presque si intimes. Qui en effet n'a pas connu à son exemple ces pères, Gitane au coin des lèvres, qui le dimanche emmenaient promener leurs familles dans les robustes 403 Peugeot de l'époque ? Qui sur les monuments aux morts ne retrouvait pas gravés des noms qui habitaient alors encore la conversation ? Qui n'eut pas de ces vieilles institutrices sévères qui enseignaient l'orthographe comme une sorte de pendant à la morale ?...

Avec Jean Rouaud ce passé, aux teintes aujourd'hui peut-être un peu mièvres, revient frapper à notre porte. Il a le sourire poli et discrètement ironique de qui connaît ses limites et ses faiblesses, ses inconséquences et ses illusions. Mais il s'élève désormais à la dignité d'une œuvre littéraire, ce temps charnière de l'histoire moderne, commençant avec la boucherie de 14-18 et s'achevant à peu près au moment où paraissait le premier livre de Jean Rouaud. Reste à savoir quel sens accorder à ce retour, dont les raisons apparaissent en tout cas infiniment plus complexes qu'une simple poussée de nostalgie pour un temps où l'idylle familiale semblait pouvoir s'épanouir à l'abri des grands mouvements du monde.

À cet égard il se pourrait bien que Jean Rouaud s'inscrive dans un mouvement par lequel une nouvelle génération, qui a lu notamment Claude Simon, tisse un lien nouveau avec l'Histoire. On voit ainsi des hommes, dans des provinces — chez l'un ce sera le Quercy, chez tel autre l'Auvergne, chez Jean Rouaud la Bretagne du Sud —, aux vies tranquilles bornées par les horizons séculaires de leurs paysages natals, soudain se trouver happés par un fleuve qui leur paraissait couler à des lieues. Ou du moins se mettre à percevoir ces paysages familiers comme des points d'un plus vaste espace, lui-même régi par quelques lois communes. Les romans de Jean Rouaud sont précisément construits pour cerner ces instants où le regard d'un coup s'agrandit : à la plaine d'Ypres dans une aube empoisonnée, à la ville voisine de Nantes sous le martèlement des bombes...

À l'image de ces transformations du regard, l'écriture peut subitement passer de l'intimisme à la tragédie, de la comédie au drame, comme du tableautin au morceau de fresque. Tantôt sur le mode plaisant, jusqu'à l'auto-dérision, tantôt grave, elle laisse toujours place à une certaine poésie, à un sens du pittoresque comme de la grandeur humaine, qui fondent sa richesse comme sa beauté plastique. Avec une capacité d'évocation tout à fait considérable. Car jamais Jean Rouaud ne décrit. Même le plus concret, comme l'installation d'un tuyau de poêle. À chaque fois, il évoque. Autrement dit, s'élève au-dessus de la simple visée descriptive pour laisser pressentir une épaisseur, du sens, instillé par le regard dans l'objet qu'il observe. C'est sans doute ce qui fait en permanence la force de cette prose, qui littéralement transfigure le quotidien, en le sortant de sa fadeur et de son insignifiance. Sous sa plume en effet la vie de chacun s'organise progressivement en un ensemble cohérent, avec ses temps forts et ses lignes de continuité. Bref, en une histoire. Et, mises ensemble, ces histoires individuelles deviennent elles-mêmes rien moins que le récit d'un temps qui se donne lui-même à voir dans un mouvement plus général.

On l'aura compris, les petites histoires de famille de Jean Rouaud, de ces petits commerçants et artisans d'une bourgade de l'actuelle Loire-Atlantique ne traduisent certainement pas un retour nostalgique et attendri sur ce que l'on appelle la France profonde. Car cette famille, avec ses joies, ses deuils, ses petitesses et ses mésaventures burlesques, n'est pas, loin s'en faut, le tout de ses livres, quand des désordres et des perturbations de l'Histoire y jouent un rôle si considérable. En laisser pressentir l'omniprésence dans un coin perdu de la géographie française, apparemment à l'écart du mouvement général, telle paraît être justement l'ambition profonde de Jean Rouaud.

PREMIÈRE PARTIE

Les désordres de la mémoire

Un horizon brouillé

On n'imagine pas combien certaines données physiologiques peuvent influer sur l'écriture, voire la... vision du monde. Par exemple Jean Rouaud se plaît à affirmer que, myope, il vit depuis une trentaine d'années dans un brouillard complet, qui efface les contours et donne aux choses un air de super-position. Du moins lorsqu'elles se situent à quelque distance. Car, pour ce qui concerne les objets rapprochés, le myope n'a évidemment pas son pareil pour les observer dans leurs détails les plus infimes. Ainsi, au début des *Champs d'honneur*, dans ce qui est devenu depuis lors l'un des chapitres emblématiques du roman, c'est d'une façon tout à fait singulière qu'il raconte ses voyages d'enfant dans la 2 CV de son grand-père, sous la pluie :

> *Par un puis plusieurs trous microscopiques de la toile se formaient à l'intérieur des lentilles d'eau qui bientôt grossissaient, s'étiraient, tremblotaient, se scindaient et tombaient à la verticale sur une tête, un bras, un genou, ou, si la place était libre, au creux d'un siège, jusqu'à former par une addition de rigoles une petite mare conséquente qu'il ne fallait pas oublier d'éponger avant de s'asseoir.*

On pense aux détails gigantesques d'une prise de vue rapprochée au cinéma, qui viendrait alterner avec le flou des plans larges. Vision de myope certes, mais surtout, déjà, choix narratif significatif.

Le brouillard n'enrobe donc pas le monde à portée de main, mais seulement ses lointains. Par-delà le trouble de la vision, c'est un véritable état d'esprit, peut-être même une façon de vivre un rapport au monde qui se profilent. Avançons l'hypothèse que l'écriture pourrait peut-être agir comme un antidote à cette incapacité de voir nettement ce qui s'inscrit à l'horizon. Puisque après les trois pages du premier chapitre où l'on peut suivre les trajectoires aléatoires et burlesques des gouttes d'eau envahissant l'habitacle poreux de la voiture du grand-père, le champ s'élargit à une évocation plus générale de la pluie sur les paysages de la Loire-Inférieure :

> *Les nuages chargés des vapeurs de l'Océan s'engouffrent à hauteur de Saint-Nazaire dans l'estuaire de la Loire, remontent le fleuve et, dans une noria incessante, déversent sur le pays nantais leur trop-plein d'humidité.*

Une image on ne peut plus globale, laissant le champ libre à l'imaginaire, quand les gouttes du début étaient disséquées avec minutie, analysées dans leurs formes et leurs comportements. Un contraste d'écriture, né des particularités d'une vision, qu'on retrouvera tout du long chez Jean Rouaud et qui impose à ses récits une manière de balancement régulier. Comme si la main d'un opérateur tournait la manette d'un zoom dans un sens puis dans l'autre.

La Loire-Inférieure, les randonnées en 2 CV : c'est immédiatement dans un temps précisément daté que s'inscrit la sombre histoire annoncée par la première phrase du roman :

> *C'était la loi des séries en somme, martingale triste dont nous découvrions soudain le secret,*

avant de disparaître à la vue, comme sous l'action conjuguée des embardées de la 2 CV et des incessantes vagues de pluie. Le rideau s'ouvre alors sur une autre histoire : celle des années cinquante et de l'enfance de l'auteur, lui-même né en 1952. Jean Rouaud ne fait d'ailleurs pas mystère que ses livres se nourrissent d'autobiographie, que cette famille et ce grand-père sont siens, comme ce bourg du pays nantais, dont il a seulement modifié le nom, puisqu'il n'est autre que Campbon, sa cité natale, masquée en Random.

On va donc retrouver massivement présente cette époque, au cours de laquelle la France entre dans l'ère de l'automobile, de la télévision et du téléphone. Dans *Des hommes illustres* on verra ainsi les habitants du pays venir dans le magasin familial, pour y passer des communications urgentes. Quant à la voiture individuelle, celle du grand-père tenait lieu de manège en furie pour les petits-enfants, et celle du père, voyageur de commerce pendant la semaine, était le dimanche vouée aux sorties culturelles et gastronomiques de la famille. Bref, l'horizon commençait alors de s'élargir, puisqu'on pouvait communiquer, aller plus loin et plus vite. Jean Rouaud restitue les ambiances de ces années qu'on perçoit aujourd'hui comme de transition entre la France rurale du début de siècle et la France urbaine du temps présent. On retrouve chez lui l'excitation des premiers voyages dans les engins aux silhouettes empâtées de l'époque : Juvaquatre, 203 Peugeot, Dyna Panhard *(« un transistor de plage »)* et ce dernier cri du confort et de la technologie que fut l'apparition de la massive 403 Peugeot. De même qu'on retrouve ces sensations de torpeur et de vide qui, enfant, vous assaillaient à la nuit tombée, avant d'ouvrir le livre qui vous ferait revivre. Tout comme on redécouvre ces buffets massifs, avec leurs tiroirs remplis de tout un bric-à-brac, qui écrasaient de leur présence les salles à manger. Et ces bougies partout présentes pour remédier aux fréquentes pannes d'électricité... C'est comme un film ancien qui repasse plan par plan, dans un désordre sympathique.

Un ordre éclaté

Car il y a désordre. Une sorte de chaos voulu et organisé, qui fait se superposer les saisons, les années et jusqu'aux personnages eux-mêmes. À cet égard on chercherait vainement ici la linéarité de la chronique ou du simple protocole historique. Le film ancien a été coupé et remonté selon des règles indifférentes à la chronologie, suivant en cela d'autres lois. C'est ainsi que la première partie des *Champs d'honneur* commence à cheval sur les années 1963-1964, se poursuit par le chapitre, hors de toute référence temporelle, écrit pour cette raison au présent, sur les particularités de la pluie dans le département de la Loire-Inférieure, passe par 1962, à l'occasion des noces d'or des grands-parents, se poursuit par une série de considérations sur la conduite très spéciale d'une 2 CV, et se termine par trois chapitres qui évoquent des scènes de la vie des mêmes grands-parents. Le premier chapitre de la deuxième partie opère un retour sur le fatal hiver 1963-1964, pendant lequel, juste avant le grand-père Burgaud, c'était la « petite tante » Marie qui était morte. On va alors l'observer à diverses occupations dans sa petite vie de vieille fille, notamment avec ses petits-neveux quand les bonnes œuvres qu'elle animait réclamaient de la main-d'œuvre. Puis vient brièvement la mort du père, première de la funeste série évoquée dans l'incipit du roman, suivie par des remontées du souvenir, notamment celui d'un incorrigible bricoleur et « restaurateur » d'objets (« *On lui donnait Venise, il sauvait la Sérénissime des eaux, cimentant les façades, habillant les boiseries de Formica, asséchant les canaux, inventant des gondoles sur rails, mais Venise sauvée* »). On revient ensuite une nouvelle fois à la « petite tante », le jour de janvier 1964 qu'on crut être celui de sa mort, mais qui ne faisait qu'en annoncer l'imminence, puis dans les années de dévotion et d'activité débordante qui précédèrent. On la retrouve dans le chapitre suivant, cette fois au retour de l'hôpital. Et c'est seulement au chapitre sept, au moment de son agonie, qu'apparaît l'élément crucial qui donne au livre sa dynamique : alors que dans son délire elle réclame un Joseph que tout le monde identifie d'abord comme son neveu récemment mort, le père du narrateur, c'est un autre Joseph, complètement inconnu du lecteur, qui se profile :

> *Joseph blessé en Belgique, transporté à Tours où il meurt, Joseph le frère aimé, à vingt et un ans, le 26 mai 1916.*

On retrouve ensuite à nouveau le grand-père, ainsi que la grand-mère déjà aperçue dans la 2 CV, qui venaient s'installer dans la maison familiale au chevet de la « petite tante », qu'on s'apprêtait d'ailleurs à reconduire à l'hôpital, sans retour cette fois, pour succomber le 19 mars, jour de la... Saint-Joseph.

La troisième partie commence par la découverte saugrenue d'une jarretière dans une boîte que le grand-père a retrouvée dans le grenier, au cours de son bref séjour. Un véritable pied de nez au puritanisme de langage et de pensée de la famille, puisque l'objet « licencieux » avait appartenu à la « petite tante » réputée confite en bigoterie depuis que son flux menstruel s'était brusquement tari un jour de mai 1916. Précisément *« ce mois de mai où son frère Joseph expirait »*. Au chapitre deux surgissent alors, deuxième point d'orgue d'une lente montée dramatique, les gaz utilisés pour la première fois du côté d'Ypres, en Belgique : scènes quotidiennes et terreuses du front pendant la Grande Guerre. Le chapitre trois nous conduit à Tours, où Joseph, gazé, a été hospitalisé, tandis que Marie est venue à son chevet. Marie et Joseph, le couple sacré, s'est transmué ici en son envers, une allégorie de la désespérance et de la stérilité. Joseph meurt bientôt, à vingt et un ans. Au chapitre quatre, c'est au tour de son frère aîné Émile. On est en 1917. Dix ans plus tard une lettre reçue par sa femme Mathilde officialisera son décès. Le chapitre cinq se déroule pendant l'hiver 1929, alors que Pierre, autre frère d'Émile, part justement récupérer ses restes, du côté de Commercy. On aperçoit à cette occasion sa femme Aline. Pierre et Aline peuvent être alors identifiés comme les parents de l'autre Joseph, le père du narrateur.

L'unique chapitre de la quatrième partie se situe à la Toussaint 1940, alors que Pierre, Joseph et la « petite tante » Marie se recueillent sur la tombe d'Aline, morte durant l'été, ainsi que peuvent les voir l'autre futur grand-père du narrateur et sa fille Marthe. À la Toussaint suivante, on ne verra plus que Joseph et sa tante : le fils de Pierre et Aline est désormais orphelin :

> *Pas encore vingt ans, orphelin, sans ressources, et la guerre tout autour.*

Si la structure des *Champs d'honneur* fait glisser en permanence de grands blocs de temps les uns par rapport aux autres, celle *Des hommes illustres* s'articule plus visiblement en deux grandes parties. L'une, qui débute pareillement à la mort de Joseph, le 26 décembre 1963, propose un long retour en arrière, jusqu'à la page 114, sur ce que fut sa vie au quotidien, depuis son mariage après la guerre jusqu'à sa disparition, à l'âge de quarante et un ans. Cette partie initiale fonctionne comme une boucle repassant à la fin à la verticale de son point de départ. Avec ce début :

> *En milieu d'après-midi il avait grimpé sur le toit en tôle de la remise, sous laquelle sèche le linge, pour tailler les branches du prunier qu'une tempête d'hiver avait emmêlées aux fils téléphoniques,*

et cet épilogue :

> *(...) spontanément, vous comprenez qu'en ce vingt-six décembre mille neuf cent soixante-trois, à l'âge de quarante et un ans, votre père vient de mourir.*

La seconde partie, en un jeu de correspondances très sophistiqué, renoue alors avec le chapitre final des *Champs d'honneur*, en donnant d'abord à voir Joseph au bord de la

tombe de son père Pierre, à la Toussaint 1941, puis quinze mois plus tard,
lorsqu'il reçoit sa convocation pour le Service
du travail obligatoire en Allemagne. Elle
s'achève le 16 septembre 1943, à Nantes, sous
le bombardement de la ville, tandis que le
réfractaire Joseph Périer, devenu résistant, qui
travaille maintenant comme charpentier, se
bouche les oreilles en haut d'une cage d'esca-
lier et qu'au milieu du bombardement un
jeune homme tire sa cousine hagarde vers un
abri salvateur. Celle-ci se nomme Anne
Burgaud, elle est la sœur cadette de cette Marthe qui avait aperçu deux ans auparavant
Joseph affligé dans le cimetière de Random.
Elle sera bientôt sa femme, avant de donner
naissance, quelque sept années plus tard, au
narrateur.

Ainsi après le récit d'une vie provinciale se
répétant au fil des saisons et des ans, qui eux-
mêmes se confondent en une façon de grand
temps immobile, Jean Rouaud resserre
l'objectif sur un espace de vingt-deux mois, à

la chronologie précisément repérée, comme une subite accélération projetant Joseph dans une histoire qu'on pouvait jusqu'alors penser éloignée de sa conscience, parce que restée quelque part du côté de son homonyme mort en 1916 dans un hôpital tourangeau.

On perçoit bien, à travers les détails de la construction des livres, comment Jean Rouaud opère un permanent brassage, qui permet de rétablir des connexions entre des faits éloignés et ultérieurement de leur donner sens. Comment aussi s'y glissent les récits des jours et des heures qui mettent discrètement en lumière le rapport de nécessité entre des actes du quotidien et des sources extérieures que personne, pas même les personnages, ne pouvait à l'origine soupçonner. Car cette chronologie éclatée ne débouche à aucun moment sur un éclatement du sens. Bien au contraire, elle vient le raffermir, en quelque sorte lui donner son évidence et sa légitimité.

Tout s'ordonne, on l'a déjà compris, autour de ce pivot que constitue l'hiver et le printemps 1963-1964, avec cette accumulation d'événements marquants, fondateurs pour le récit, auxquels semble ensuite paradoxalement correspondre une sorte de grand vide de la mémoire. La mort du père, le lendemain de la Noël 1963, celle de la grand-tante au mois de mars, celle du grand-père maternel, six mois après : avec ces trois départs, c'est manifestement un pan considérable de l'histoire familiale qui s'effondre, tandis que le lien physique avec le passé se trouve subitement rompu. Il faudra au narrateur plus de vingt ans pour le restaurer, à l'aide de l'écriture. Les trois personnages disparus à quelques semaines d'intervalle s'étaient en effet trouvés intimement liés aux temps forts qui rythment le déroulement des *Champs d'honneur* comme *Des hommes illustres*. Et chacun à sa façon avait balisé l'horizon du narrateur. Le grand-père par le côté spirituel et poétique de l'existence révélé à ses petits-enfants, tant pendant les épiques déplacements en 2 CV, que lors des retraites qu'il s'accordait régulièrement dans un établissement religieux. La grand-tante par son double apostolat religieux et pédagogique, par sa façon de chercher à donner un sens à chacun des instants de sa vie et, ainsi qu'il s'avère *in fine*, par son expérience bouleversante de l'année 1916. Le père par son art d'affronter le quotidien avec inventivité, de le rendre surprenant, encore digne d'intérêt, et par son héroïsme discret pendant les heures tragiques de l'Histoire. Tout ce qui peut expliquer que le narrateur s'est un jour retrouvé sur la piste conduisant à l'aventure romanesque. Comment combler autrement la lacune triplement dommageable ? Renouer un à un les fils d'une trame brutalement sectionnés, alors qu'il se trouvait seulement dans sa douzième année, tel semble avoir été depuis lors son dessein profond. Comme pour reconstruire au moyen de l'écriture ce qui, jusqu'alors, s'était trouvé naturellement installé en lui. On comprend après coup le poids considérable de la phrase d'incipit des *Champs d'honneur*, qui annonçait le triple événement fondamental et qui le pose maintenant comme foyer initial de l'écriture.

Un passé à recomposer

Il s'agit donc non seulement de recomposer un premier passé, mais de retrouver une voie ouvrant vers un passé plus lointain encore, aux allures d'origine. C'est donc en fait à une double recherche du temps perdu que Jean Rouaud ici se livre, qui, à partir de 1963, le projette vers 1916. Ou du moins qui, pour le faire parvenir à élucider l'énigme du blanc de mémoire de l'hiver 1963-1964 lui impose le détour par l'année 1916. Il faudra par conséquent passer par *Les Champs d'honneur*, après la mort tout de suite annoncée de Joseph, le père, avant que *Des hommes illustres* élèvent cette mort du rang d'épisode, même pressenti comme essentiel, à celui de sujet central d'un roman. Une telle opération ne peut évidemment se dérouler selon un mode linéaire. Ce qui vient à l'esprit, concernant ce travail, ce sont bien davantage les règles de la composition musicale : des thèmes et des leit-motive annoncés en exorde, puis repris par endroits au long de l'œuvre jusqu'à leur complet développement. La démarche se poursuivant au cours des deux volumes, qui composent en fait une seule œuvre. Dès lors rien d'étonnant qu'à l'égal de ce qui se produit dans la musique, l'on découvre ici des inci-dentes tout à fait proches des variations et ornements de la composition. Mieux : l'œuvre pourrait paraître se nourrir exclusivement de ceux-ci jusqu'à ce que devienne perceptible leur lien de nécessité avec les thèmes fonda-mentaux. L'analogie avec la musique apparaît par conséquent complète. Tout comme d'ail-leurs la structure concertante des *Champs d'honneur*, avec ces alternances strictement observées de passages lents et de passages plus rapides. Et si l'on y regarde d'encore un peu plus près, on aperçoit même l'existence de tout un réseau de thèmes en écho et en récurrence. Par exemple la pluie, qui occupe tout le chapitre 2 des *Champs d'honneur*, comme une sorte d'élément constitutif, joyeusement vivant, des paysages de la Loire-Inférieure, et resurgit, avec un sens complètement différent, à la fin du... chapitre 2 de la troisième partie, cette fois-ci comme accompagnatrice consolante de l'ambulance qui emporte le Joseph gazé en 1916 vers l'hôpital de Tours :

> *La pluie enfin sur le convoi qui martèle doucement la capote de l'ambulance, apaisante soudain, presque familière, enluminée sous les phares en des myriades de petites lucioles, perles de lune qui rebondissent en cadence sur la chaussée, traversant les villes sombres et, à l'approche de Tours, comme le jour se lève, se glissent dans le lit du fleuve au pied des parterres royaux de la vieille France.*

Les gouttes qui lentement prenaient possession de la 2 CV du grand-père Burgaud apparaissaient vives et impertinentes, elles jouaient à vous mouiller ; celles qui s'écartent devant l'ambulance se parent de gravité, sinon de solennité : on les devine tambourinant quelque chose qui doit forcément ressembler à une marche funèbre.

Les deux romans se développent par conséquent selon une logique complexe, une véritable combinatoire, qui doit beaucoup moins au respect de la chronologie qu'à une diversité d'impulsions, fonctionnant elles-mêmes par analogie et résonance. Parmi celles-ci, il faut évidemment compter les impulsions de la mémoire. Le passé remonte en effet de façon toujours parcellaire, selon des lois d'associations et de correspondances en lesquelles se reconnaît la part de la subjectivité. Ainsi le portrait du père au quotidien, dans la première partie des *Hommes illustres* : à chaque ouverture de chapitre, une phrase semble venue d'un discours déjà lancé par ailleurs et qui viendrait à la lumière, relançant le récit sur un nouveau bout de piste :

> *Il avait la passion des vieilles pierres (…).*
> *C'est pendant ces jours de désastre que le voya-*
> *geur surveillait son compteur (…). Se doutait-il*
> *de quelque chose, qu'il ait tenu pour notre der-*
> *nier voyage à nous faire visiter Paris ?*

Et ces deux autres phrases, essentielles, à une petite centaine de pages de distance. L'une ouvrant le premier chapitre de la première partie et l'autre en lançant le dernier chapitre :

> *En milieu d'après-midi il avait grimpé sur le*
> *toit en tôle de la remise, sous laquelle sèche le*
> *linge, pour tailler les branches du prunier*
> *qu'une tempête d'hiver avait emmêlées aux fils*
> *téléphoniques (…). Maintenant, vous êtes un*
> *lendemain de Noël. Une échelle est appuyée sur*
> *le bord du toit de la remise sous laquelle sèche*
> *le linge. Grimpé sur les plaques de tôle ondulée,*
> *veillant à poser les pieds à l'emplacement des*
> *chevrons afin de ne pas passer au travers, votre*

père élague les branches du prunier voisin prises dans les fils téléphoniques.

À l'instar de la mémoire, le récit divague, passe et repasse par les mêmes endroits, reprend le fil plus tôt abandonné, tandis que tel épisode passé ne semble plus pouvoir s'effacer du regard, comme une incrustation sur l'écran du souvenir, même lorsqu'une autre scène occupe apparemment tout le champ de vision. L'art de Jean Rouaud consiste précisément à installer dans l'esprit du lecteur ces scènes fondamentales qui ensuite ne vont plus cesser de l'accompagner, tantôt visibles, tantôt invisibles, mais en fait toujours présentes, jusqu'à faire de nouveau irruption en pleine lumière.

On perçoit naturellement dans ces structures éclatées sans jamais produire un effet de dispersion, la trace *a posteriori* du grand chambardement, devenu un traumatisme durable, que provoquèrent les événements de l'hiver 1963-1964 sur le narrateur. Comme si depuis lors il tentait de rassembler ce qui se trouva en l'espace de six mois brutalement éparpillé. Car jusque-là l'histoire familiale s'était plutôt présentée sous la forme d'une tresse impeccable, avec le brin Burgaud et le brin Périer, les brins Marie et Joseph. Et tout cela d'un coup se défait. Des récits qui participaient d'un tronc commun se séparent, filent à vau-l'eau. Dès lors il ne sera plus question que de réparer la cassure, ou du moins, constatant des dégâts irrémédiables, de réunir de nouveau plus loin tous ces brins devenus épars pendant près de trois décennies. À cette tâche s'attellent donc les deux romans, dans lesquels on voit les récits d'abord comme en juxtaposition, puis se rapprochant de plus en plus jusqu'à s'inscrire dans une même coulée. Après avoir travaillé par esprit d'association, Jean Rouaud va alors unifier les récits, non sans avoir préalablement été contraint de revoir ce qui s'annonçait comme le projet initial des *Champs d'honneur* : s'il était à l'origine question des trois morts qui allaient bouleverser la vie d'un garçon de douze ans, deux d'entre elles seulement — celle du grand-père maternel Alphonse Burgaud (1888-1964) et celle de la « petite tante » Marie Périer (1890-1964) — donneraient lieu à développements dans le récit. Tandis que la troisième, celle du père, Joseph Périer (1923-1963), se verrait remplacée *in fine* par celle de son aïeul et homonyme Joseph Périer (1895-1916). Comme si Jean Rouaud avait dû céder là à une dérobade, s'était senti obligé de passer par cette mort de substitution avant de pouvoir affronter la grande tragédie personnelle que fut la disparition du père. Repoussée donc dans un second livre, parce que des réalités refoulées avaient soudainement resurgi au cœur de ce qui paraissait s'inscrire dans les seule∪ dimensions d'une chronique familiale, en laquelle la tragédie avait, en l'espace de six mois, pris le pas sur la comédie.

Peu de choses laissaient en effet prévoir que soudain le récit s'éloignerait de Random. Car c'est bien la petite comédie du quotidien qui occupe le devant de la scène, pendant les trois quarts du livre dans *Les Champs d'honneur*, pendant les deux tiers des *Hommes illustres*. Avec ses images douces-amères d'une province française restée presque telle qu'au sortir de la Grande Guerre, ses décors et ses paysages pas encore bouleversés. Si bien qu'on a parfois cru y déceler le retour nostalgique et attendri d'une France profonde aujourd'hui disparue. Mais c'était oublier un peu vite l'événement capital qui transforme tout, y compris les descriptions apparemment complaisantes de campagnes en train de disparaître. Certes Random coule des jours paisibles dans une sorte de permanence séculaire, tandis qu'un peu plus loin Riancé, fief des Burgaud, la famille maternelle, semble ne le lui céder en rien sur ce point. Pendant longtemps le narrateur, dont la mère tient le bazar à Random tandis que le père arpente la campagne à longueur de semaine pour le compte d'un grossiste en porcelaine de Quimper, ne voit de la vie dans la bourgade qu'une sorte d'accumulation de rites, qu'une confluence de vies communautaires, avec, à l'image de sa propre vie familiale, leurs cortèges de chamailleries et de brouilles aux origines indéterminées, mais aussi leurs entraides et leurs solidarités. Car aucun ici ne perd les autres de son champ de vision, même s'il feint l'indifférence ou l'ignorance. Et dans les grands moments, comme la Fête-Dieu, qui est aussi la fête du pays, on sait se retrouver côte à côte. Images qu'on dirait immuables d'une France des campagnes qu'immortalisa une littérature prolifique, si elle ne fut pas nécessairement innocente. On en retrouve au demeurant quelques traits chez Jean Rouaud, avec cependant là-derrière un petit air de dérision qui force à s'interroger.

Des anonymes qui témoignent

Cette France provinciale au quotidien, comme tenue miraculeusement à l'écart des grands mouvements qui ne cessent d'agiter le monde, est celle des anonymes, en un temps où l'on avait démonstrativement haussé le père de famille au rang de grand aventurier du siècle. C'est bien là le statut de cette double parentèle qui conflue et s'unit dans le mariage du grand Joseph Périer et de la petite Anne Burgaud. On y aperçoit le côté Périer, considérablement développé par rapport au côté Burgaud, avec des arrière-grands-parents qui donnèrent naissance à cinq enfants : Joseph, mort gazé en 1916 ; Émile, mort en Lorraine, en 1917, marié à Mathilde, dont il aurait un fils, Rémi ; Eulalie, morte en 1918 de la grippe espagnole ; Pierre, le grand-père paternel du narrateur, qui mourut de chagrin en 1941, un an après son épouse Aline ; Marie, la « petite tante », née en 1890 et morte en 1964. Tandis que du côté Burgaud la généalogie ne remonte pas au-delà des grands-parents : Alphonse, né en 1888 et mort en 1964 et sa femme, née en 1887 et morte en 1986, avec leurs trois filles, Marthe, disparue en 1940,

Anne et Lucie. Joseph, fils de Pierre et Aline Périer, rencontrerait Anne alors qu'il serait lui-même clandestin, pendant la guerre. Ils auraient à leur tour trois enfants : Nine, née en 1949, le narrateur, né en 1952 et Zizou, dont on ignore l'année de naissance. À mesure que s'écrivent *Les Champs d'honneur*, on voit cet arbre généalogique lentement se préciser et se recomposer, selon une stratégie de dévoilement progressif d'où résulte un effet de foisonnement faisant sans cesse bouger le regard et empêchant l'identification à un « héros » qui le retiendrait davantage que les autres personnages. Ces gens que Jean Rouaud élève à la stature de figures romanesques sont en effet avant tout des inconnus qui ne se sont illustrés que pour le petit cercle de leurs proches. Une vision des choses qui trouvera complètement à s'illustrer dans *Des hommes illustres*.

Parallèlement, cette technique de composition adoptée par Jean Rouaud, qui choisit de ne mettre personne en avant, redonne toute leur importance aux histoires individuelles. D'où la multiplication des détails biographiques qui frappe tant à la lecture de ses livres. Ce n'est pas ici souci de pointillisme, mais recherche du concret de la vie, de l'irréductibilité de l'existence individuelle. Les deux romans, le premier sans doute plus encore que le second, ne paraissent cesser de s'engager dans de nouvelles voies de traverses que pour cheminer le long des pistes individuelles qui s'offrent au regard. Peut-être aussi pour faire pressentir comment ces itinéraires personnels ne peuvent qu'ensemble construire une histoire. Sans jamais perdre de vue le moment déclenchant que furent pour lui les disparitions de l'hiver 1963-1964, le narrateur paraît donc laisser filer son récit à la suite de tel ou tel, qui entre dans le champ puis en sort, sans cependant vraiment s'effacer. Jean Rouaud suggère en effet en permanence une sorte de présence de tous à tous moments, à la façon d'un grand tableau mental qui réunirait toutes les générations. C'est précisément parce que trois éléments de cette chaîne ont sauté à quelques semaines d'intervalle que le narrateur se voit aujourd'hui obligé de les remettre patiemment en place, pour reconstituer un passé et se percevoir à nouveau dans une continuité qui légitime sa propre existence. Tout comme l'entreprise dans laquelle il se trouve lancé, le regard, qui semblerait vagabonder au gré des remontées du souvenir, poursuit en fait cet objectif précis. On a le sentiment que la moindre anecdote est ici porteuse d'une signification plus vaste, que telle apparente dérive du récit ne doit en fait rien à la gratuité.

Pour échapper à l'oubli, auquel tout paraît devoir les condamner, ces inconnus sont donc conduits à porter témoignage, d'une façon ou de l'autre. Le premier Joseph sur une génération sacrifiée sur l'autel d'une barbarie de la modernité qui en préfigurait d'autres :

(...) ces vieillards de vingt ans dont le témoi-
gnage nous aiderait à remonter les chemins de
l'horreur.

La grand-tante Mathilde, veuve d'Émile, et le
cousin Rémi, qui habitent la bijouterie joux-
tant la maison du narrateur, sur celles et ceux
qui, au sortir de la Grande Guerre, durent
vivre sans les maris et les pères, face à un vide
destructeur, que symbolisera longtemps une
tombe sans occupant :

> *Émile n'était pas là pour ses funérailles. Des*
> *années, Mathilde se recueillit devant une tombe*
> *vide.*

Aline, la grand-mère du narrateur, qui ne put
garder qu'un seul enfant, après une apocalypse à l'échelle de sa propre vie, comme en
écho à une autre apocalypse :

> *Elle avait connu une suite de drames dans sa*
> *vie, le même drame recommencé, tous ses enfants*

mort-nés jusqu'au tardif et miraculé Joseph,
notre père, qui avait dû conserver le sentiment
de la fragilité de l'existence puisque, en dépit de
sa haute stature, il n'avait pas dépassé qua-
rante ans.

Ou la « petite tante » Marie, surgeon atypique des hussards de la République, portant à un point extrême l'oubli de soi au profit de la vocation éducative :

Une sorte de grâce divine lui permettant, le
corps et l'esprit purifiés, de bâtir sur les ruines
de sa vie de femme son limpide destin de bien-
heureuse institutrice, pour la gloire du Très-
Haut.

Il reste justement au narrateur à se construire à son tour une histoire, à se forger l'attribut grâce auquel il perpétuera la tradition, s'ins-crira dans une continuité tout en manifestant l'originalité qui l'identifiera à un temps précis.

Par touches rigoureusement dosées et soupesées il va donc s'attacher à restituer les ambiances dont lui-même, à l'égal de ses prédécesseurs de la Grande Guerre ou de l'entre-deux-guerres, pourra plus tard apparaître indissociable : un ensemble de faits et de phénomènes en lesquels vont bientôt se reconnaître les Trente glorieuses. Comme l'annonce, déjà évoquée, du rôle désormais dévolu à la voiture individuelle ou au téléphone. Comme l'apparition généralisée des lignes électriques dans les paysages ruraux. Comme les excursions familiales et motorisées des fins de semaine. Et surtout comme le remembrement rural, évoqué avec une précision admirable, en des lignes qu'il faut citer dans leur entier :

La modernité se reconnaît en ce qu'elle refuse d'accommoder les restes : comment faire manœuvrer dans ces champs peau de chagrin les volumineuses machines qui abattent en une heure le travail hebdomadaire de dix hommes ? Comment engraisser la terre sans que cet apport

azoté profite au liseron et aux pâquerettes ?
Comment empêcher les étourneaux de picorer le
grain semé, avalant par là même la récolte
escomptée ? Comment conseiller au paysan
d'abandonner un sol ingrat en lui vantant les
mérites du monde ouvrier et les délices de la
cité ? Comment regrouper ce qui est dispersé :
les champs, les maisons, les animaux ?
Comment disperser ce qui est regroupé : les
générations, les mémoires ? Le grand ensem-
blier, dans le secret de son cabinet, passa sur la
Bretagne un bras ravageur comme un soudard
débarrasse une table encombrée. Sur ce terrain
déblayé il redessina de vastes rectangles bien
dégagés, traça des pistes stabilisées larges et
droites, et, jugeant que cela était bel et bon,
apposa sa signature en bas de son grand œuvre.
La lettre de cachet expédiée dans la lointaine
province, l'arasement pouvait commencer.

C'est ici en effet le nerf conducteur des
Trente glorieuses, cette démarche de nature
technocratique, liée à la volonté d'industriali-

sation rapide et d'élévation sensible des taux de productivité, liée également à une volonté affichée de gestion des flux humains, que dénoncent les questions teintées de dérision de Jean Rouaud.

Dans ce récit très concerté, aux entrées multiples, on ne rencontre pas de dialogues, parfois seulement un propos rapporté entre guillemets. En revanche Jean Rouaud recourt volontiers au style indirect, pour mettre à distance cette histoire familiale, la faire insensiblement glisser du subjectif vers l'objectif, de l'anecdotique vers l'historique. Au dialogue, qui théâtralise, Jean Rouaud incline à préférer l'évocation, qui historicise. Ce qu'à leurs manières les titres choisis pour ses deux romans suggèrent aussi, avec leur espèce de hauteur un peu solennelle et froide et leur énorme poids référentiel et historique : les hauts faits d'armes depuis l'Antiquité pour le premier, les hautes personnalités, dans un titre emprunté à Suétone et saint Jérôme, pour le second. L'histoire de cette famille a en effet trouvé son chroniqueur, qui distribuera et organisera la parole, rassemblera ce qui pouvait d'abord apparaître dispersé, fera passer du sens dans ce qui semblait borné à l'individuel et insignifiant. Si bien qu'il s'affiche désormais comme le dépositaire d'un passé et d'une histoire, dont il sera le conservateur et le restaurateur : ne rien laisser s'effacer, prévoir des pièces dans le style de l'époque pour colmater les « blancs ». Le succès des livres de Jean Rouaud s'explique sans doute en partie par ce travail de conservation, au sens noble du terme, qu'y ont perçu ses nombreux lecteurs. En évitant les dialogues, le romancier porte sur ce qui lui était familier une manière de regard rénové : un œil adulte, qui mêle une réflexion à l'évocation, et se situe donc bien au-delà de la simple restitution, de ce naturalisme qu'on a parfois cru discerner dans sa prose. Comme si le recours au style indirect et la méfiance à l'égard du dialogue n'étaient pas justement deux des caractéristiques fondamentales du roman, tel qu'il se développe au XXᵉ siècle.

Dans le même esprit, Jean Rouaud fait alterner l'imparfait, le passé simple et un présent de type historique : le temps de l'action en cours dans le passé, le temps de l'action déjà accomplie, le temps de l'action historicisée, dont la combinaison produit une sensation de plongée dans l'action, qui serait elle-même immédiatement suivie d'un recul, afin d'élargir le champ et d'« objectiver » ce qui apparaissait mouvant comme la vie elle-même. En ce sens ses romans charrient quelque chose de l'ordre d'un désir d'historien, pour lequel il n'y a pas de trou perdu dans le mouvement de l'Histoire. Parce que les destinées individuelles sont toujours inévitablement appelées à croiser l'Histoire. Parce qu'aussi l'Histoire apparaît comme le meilleur moyen de garder vivant tout ce que l'anonymat d'une vie expose à une déperdition certaine. La manière de Jean Rouaud se présente par conséquent comme complexe. Elle a été et le siècle, et en les posant eux-mêmes d'une certaine façon comme des objets offerts au regard de celui qui va se charger de les animer de nouveau.

DEUXIÈME PARTIE

Les perturbations du monde

Sur un air de désordre

C'est évidemment un monde plein de sou-
bresauts qu'évoque Jean Rouaud. Les plus
visibles étant ceux de la Grande Guerre dans
Les Champs d'honneur, et ceux du deuxième
conflit mondial dans *Des hommes illustres*. Mais
si l'on y regarde de près, on s'aperçoit que les
récits qui leur sont explicitement consacrés
tiennent en fait peu de place dans chacun des
livres, alors que l'impression dominante, la
lecture achevée, est celle d'un poids considérable et d'une omniprésence des deux grands
événements. Comme si toutes les lignes de
fuite de chaque roman convergeaient vers
eux. Plus exactement : comme s'il s'agissait de
traverser une série de strates successives pour

toucher à une cellule-mère, sorte de foyer originel pour celui qui raconte et décèle le lignage entre ces temps et le sien. Toute la démarche du narrateur part d'une violente perturbation intérieure, le grand désordre de 1963-1964, générateur d'un blanc de la mémoire, qui va progressivement déboucher sur un constat de désordre plus général. Or l'hiver 1963-1964, tel qu'il le vit, va s'apparenter au printemps 1916 pour la tante Marie et aux années 1940-1941 pour son père. À chaque fois, c'est en effet une part de chacun qui se trouve amputée. Mais c'est tout de même à lui qu'il revient de payer le prix fort, avec la disparition quasi simultanée du père, de la grand-tante et du grand-père maternel. À eux trois, ils maintenaient ouverte la porte de communication avec le passé, devant laquelle il se trouve d'un coup comme désemparé, sans les clés qui lui en donnaient l'accès. Un sentiment de perte qui ne sera pas tout de suite formulé en ces termes, mais qui trouvera sa traduction immédiate dans la vie au quotidien :

> *Après la mort de papa, c'est un sentiment d'abandon qui domine. Le cours des choses épousait sa pente paresseuse avec un sans-gêne barbare : jardin envahi par les herbes, allée bordée de mousses vertes, le buis qui n'est plus taillé, les dalles de la cour qui ne sont plus remplacées et où l'eau croupit, le mur de briques percé de trous, les objets en attente d'un rangement, les rafistolages dans un éternel provisoire. Plus rien ne s'opposait au lent dépérissement.*

La première conséquence de cette disparition, c'est que plus personne ne paraît en mesure désormais d'agir sur le présent.

Là-derrière chemine la grande idée que les désordres intérieurs, dont Jean Rouaud dépeint la succession, naissent pour beaucoup de saccages liés à l'Histoire. Ainsi, dans *Les Champs d'honneur*, ce qui peut longtemps apparaître comme simple originalité du comportement, notamment chez la grand-tante Mathilde et son fils Rémi, et chez Marie, trouvera progressivement son explication loin en amont. Insensiblement on s'éloigne de ce qui relève de l'individuel pour s'approcher d'une raison plus générale. Évoquant le délire qui s'empare de Marie, à l'approche de la mort, et lui fait tenir des propos incompréhensibles à l'entourage, Jean Rouaud remarque :

> C'est Mathilde qui a démêlé l'écheveau des pensées embrouillées de sa vieille complice. Elle a tiré un à un les fils et recomposé le canevas de sa mémoire. Tout y était. La petite tante n'avait perdu la tête que pour mieux la retrouver.

Si l'image attendue de l'écheveau et du canevas n'appelle pas de commentaire, il convient en revanche de s'arrêter sur la dernière phrase, puisqu'elle avance l'idée d'une absence à soi qui serait un nouveau rendez-vous avec soi. On réalise en effet après coup qu'en entrant dans les régions de la mort, le moi présent de Marie est en train de s'effacer devant un moi archaïque, soigneusement refoulé depuis près d'un demi-siècle, bien qu'il n'ait jamais cessé d'agir. À cet instant Marie rétablissait une liaison avec ce qu'elle avait été et se retrouvait en conformité avec la part d'elle qu'elle avait inconsciemment décidé de sacrifier, après la mort prématurée de son frère cadet. Dès lors on perce le sens de son originalité, cette sorte de gentille folie célèbre dans Random et au-delà, qui la faisait converser avec les saints du paradis ou, selon les cas, agir avec leurs images comme l'animiste avec ses statuettes. Ou encore qui la faisait se lancer dans des activités fébriles de prosélytisme pour en fait, on s'en aperçoit après coup, combler ce qui fut le vide dramatique de sa propre histoire.

Marie porte ainsi au paroxysme un désordre des sentiments dont on constate l'existence peu ou prou chez tous ses partenaires de la petite comédie familiale. Puisque aussi bien personne ici n'est indemne dans son rapport à l'Histoire. Mais si les ombres symétriques des deux Joseph occupent tout l'horizon du récit, le tirant vers une incontestable gravité, celui-ci n'en traverse pas moins des moments de dérision, même de drôlerie, qui constituent un autre mode possible de relation avec l'Histoire. Sur ce chapitre c'est naturellement l'histoire du dentier d'Aline qui vient à l'esprit. Cet objet de taille monstrueuse exhumé du caveau familial par le fossoyeur lorsqu'il s'était agi de faire une place au « grand Joseph », et que l'on avait mis en exposition sur le buffet de la salle à manger, dans l'attente d'un hypothétique rangement :

Au début, on était effrayé d'imaginer une telle monstruosité dans la bouche d'un être humain. Ça tenait plutôt d'un instrument de torture, on l'aurait bien vu en forceps de la parole. Entièrement en or : dents, palais, gencives — lourd, grossier, encombrant, rudimentaire. Extrait d'un champ de fouilles, on l'attribuait aux orfèvres scythes ou aux chirurgiens de la XVIIIᵉ dynastie. Mais ce qui eût suscité l'émerveillement dans la bouche de la reine Hatchepsout ne laissait pas de nous inquiéter pour le confort de notre grand-mère chrysostome.

Jusqu'à ce que l'incongru dentier trouve son emploi :

(...) il se découvrit naturellement une fonction de presse-papiers. Une lettre, une facture urgente, étaient placées en attente, bien en vue, sous la puissante mâchoire dorée. On prenait nos repas à côté sans en être le moins du monde dérangés ni impressionnés.

L'objet devient ainsi symbolique d'un certain commerce, démonstrativement futile, avec le passé. Comme si, pour s'alléger du poids de celui-ci, il fallait parfois tourner les choses à la plaisanterie. Alors le macabre se transmute en cet humour noir qui, lorsque les chocs et les épreuves se font trop proches les uns des autres, permet vaille que vaille de continuer à vivre. Dans l'histoire du dentier d'Aline, Jean Rouaud a d'ailleurs enchâssé celle du fossoyeur et de son fils, des miséreux de corps et d'esprit, qui finirent tout aussi misérablement, mais non sans s'être prêtés, le jour qu'ils rapportèrent l'objet, à une scène plutôt comique : les deux hommes, buveurs de vin invétérés, furent invités par la mère du narrateur à accepter une petite pièce et, surtout, un verre. Ils le firent avec l'empressement qu'on devine, pour finalement se retrouver devant du... sirop de menthe, seule boisson, avec l'eau, que la candide, ou très rusée, veuve avait finalement trouvée dans ses placards. La misère qui s'affiche ici n'empêche pas le rire.

Avec Marie, perturbations du monde, désordres de l'esprit et désordres du corps vont de concert. De tous les personnages, elle est sans aucun doute celui qui intériorise le plus les bouleversements extérieurs et illustre de la façon la plus spectaculaire leurs effets sur une destinée individuelle. Pour cela il faut se rappeler ce qu'elle était devenue, jusqu'à sa mort, pour les habitants de Random : la propagatrice d'une foi chrétienne très proche de la foi du charbonnier, et en même temps un esprit extraordinairement pédagogue, pénétré de positivisme. D'un côté Marie présente en effet le profil d'une sorte de sainte :

Elle avait fait une croix sur ses amours, la maternité et la plupart des plaisirs terrestres,

elle-même issue de la catastrophe personnelle de la femme :

Une sorte de grâce divine lui permettant, le corps et l'esprit purifiés, de bâtir sur les ruines

de sa vie de femme son limpide destin de bien-
heureuse institutrice, pour la gloire du Très-
Haut.

On la voit ainsi mettre tout son acharnement au service de l'Église et d'une religion vécue de manière fort peu conventionnelle. Dans sa petite maison, elle collectionne des statuettes de tous les saints protecteurs, à côté d'un véritable fichier dans lequel sont programmés des multitudes de chemins pour accéder à ces intercessions qui permettent à la vie quotidienne de se dérouler sans encombre. Jean Rouaud en cite quelques exemples assez désopilants. D'un autre côté, la petite dame, avec ce qu'il faut bien appeler sa bigoterie loufoque, s'est fait la prosélyte de la diffusion d'un certain savoir positif, tel que la République a souhaité longtemps l'inculquer aux jeunes Français. Orthographe, grammaire, leçons de choses, histoire, géographie, morale : chaque instant de la vie semble constituer pour elle une rampe de lancement vers l'acquisition de connaissances de base, dont il importe que chaque citoyen soit pourvu. Même si les méthodes peuvent paraître fantaisistes, la pédagogue en elle veille constamment au grain, ne perdant aucune occasion d'instruire son auditoire. Quelques générations d'élèves de la Loire-Inférieure en feront l'expérience, tout comme, sur le tard, ses petits-neveux, notamment lors des séances épiques de pliage du journal paroissial, rédigé, confectionné et distribué par la « petite tante ».

L'Histoire au croisement : la Grande Guerre

L'originalité de Marie, invinciblement drôle, mais dont on pressent qu'elle résulte d'un chamboulement lointain, comme des paysages biscornus sont nés de vastes chocs sismiques du fond des temps, restera longtemps inexpliquée. Ainsi qu'elle le fut sans aucun doute à ses proches, *a fortiori* aux enfants du « grand Joseph », qui durent attendre ses derniers instants, lorsque le délire fait s'écrouler les remparts protecteurs, pour enfin comprendre sur quelle horrible faille sa vie avait dû se construire. Arrivée tout près de la mort, Marie réclamait Joseph. En même temps elle prêtait à ce Joseph un environnement incompréhensible, anachronique, et en usait avec lui comme elle ne l'avait jamais fait avec son neveu, même si elle l'avait particulièrement chéri. Jusqu'à ce que sa belle-sœur Mathilde accède à l'illumination décisive, en remontant à cet autre Joseph qui était passé dans la vie de la « petite tante ». Dès lors on comprend que sa sainteté et sa frénésie éducative n'avaient pas relevé d'un choix d'existence, mais d'une nécessité, d'un choc apparemment oublié, qui vient à se révéler à quarante-sept années de distance. Depuis la mort de son frère, Marie s'est en effet installée dans une manière d'absence à elle-même, tentative désespérée du subconscient pour, en un mécanisme de bascule, retenir le frère du côté des vivants. Il faut attendre la page 138, peu avant la fin des *Champs d'honneur*, pour parvenir à cette véritable scène primitive :

> *En échange — elle cherche ce qu'elle pourrait bien donner, puisqu'elle n'a qu'elle —, eh bien, elle donne ce désir qui la nuit envahit ses entrailles, elle donne son sang de femme : sang pour sang, le marché est honnête.*

Et du même coup se trouve éclaircie une remarque faite douze pages auparavant, certes encore allusive, mais dans laquelle tout déjà était dit :

> *Comment notre vieille Marie s'y prit-elle pour annoncer, à l'occasion des premières règles de Nine peut-être, puisque c'est elle qui le raconte, que les siennes occupèrent dans sa vie une parenthèse de huit années : de dix-huit (ce qui ne marquait pas une grande précocité) à vingt-six ans — fourvoiement de la nature dans ce corps chétif, comme pour offrir moins de prise*

aux élans amoureux, se vouant désormais à l'imitation des saints et l'enseignement des enfants : deux milliers de petites filles étalées sur cinquante ans, trois générations, autant de républiques, deux guerres mondiales, et elle priait encore avec ses élèves pour la paix en Algérie. Son talent d'institutrice, c'est sa dette au Seigneur, son apostolat, qu'aucun figuier ne demeure plus sans fruit.

En elle, l'histoire individuelle et la grande Histoire s'étaient en fait brutalement croisées, causant des dégâts irrémédiables, un jour du printemps 1916.

Profitant de l'homonymie entre les deux Joseph, Jean Rouaud organise cette coïncidence romanesque de la mort du jeune soldat et de l'interruption des règles de sa sœur aînée. La Grande Guerre vient ainsi enfin au premier plan, quand le livre se trouve déjà dans sa troisième partie. Alors que, par-delà les désagréments, petits et grands drames de la vie, *Les Champs d'honneur* se présentait jusqu'à présent comme une chronique plutôt nostalgique, mais finalement assez souriante, de la vie d'une famille moyenne de la province française, le livre prend dès lors une tournure radicalement nouvelle. Car ce qu'on découvre désormais bordant le récit, c'est un horizon glaiseux et vénéneux. Comme si l'invisible point de jonction de toutes les lignes de fuites rencontrées depuis le début se dévoilait enfin au regard. Là encore, une brève observation formulée par le narrateur devrait faire se dresser l'oreille :

Nous n'avons jamais vraiment écouté ces vieillards de vingt ans dont le témoignage nous aiderait à remonter les chemins de l'horreur.

L'heure est donc venue, tout près de la fin du roman, de laisser à nouveau percevoir un écho de ce passé face auquel on a longtemps choisi de s'aveugler. Peut-être parce que le conflit meurtrier, dans ce qui apparaît de moins en moins comme la mémoire et de plus en plus comme l'imaginaire collectif, s'est transmué au fil du temps en une sorte de monument glorieux aux figures hiératiques incarnant la victoire, avec son lot de souffrances nécessaires. Jean Rouaud va justement montrer l'un de ces jeunes vieillards, il a vingt et un ans en 1916, non pas dans la pose héroïque que reproduiront à des milliers d'exemplaires les monuments aux morts, mais dans l'incompréhension de ce qui lui arrive et, littéralement, lui dévore la chair :

> (...) Joseph vit se lever une aube olivâtre sur la plaine d'Ypres (...). Les premiers filets de gaz se déversèrent dans la tranchée. Voilà. La Terre n'était plus cette uniforme et magnifique boule bleue que l'on admire du fond de l'univers. Au-dessus d'Ypres, s'étalait une horrible tache verdâtre.

C'est ce fluide mortel qui s'étale maintenant sous le regard du petit-neveu de ce jeune grand-oncle inconnu.

Des champs de batailles de la Grande Guerre, Jean Rouaud ne donne en fait que peu à voir : la visée n'est pas naturaliste et sans doute fort hypothétiquement réaliste. Même si certaines images ou de brefs passages font mouche, en désignant très précisément ce qu'a pu signifier l'horreur au plan individuel. Comme dans cette évocation d'inspiration expressionniste :

> *L'intolérable brûlure aux yeux, au nez, à la gorge, de suffocantes douleurs dans la poitrine, une toux violente qui déchire la plèvre et les bronches, amène une bave de sang aux lèvres, le corps plié en deux secoué d'âcres vomissements, écroulés recroquevillés que la mort ramassera bientôt, piétinés par les plus vaillants qui tentent, mains au rebord de la tranchée, de se hisser au-dehors, de s'extraire de ce grouillement de vers humains, mais les pieds s'emmêlent dans les fils téléphoniques agrafés le long de la paroi, et l'éboulement qui s'ensuit provoque la réapparition par morceaux des cadavres de*

l'automne sommairement enterrés dans le para-
pet, et à peine en surface c'est la pénible course
à travers la brume verte et l'infect marigot, une
jambe soudain aspirée dans une chape de glaise
molle, et l'effort pour l'en retirer sollicite violem-
ment les poumons, les chutes dans les flaques
nauséabondes, pieds et mains gainés d'une boue
glaciaire, le corps toujours secoué de râles brû-
lants, et, quand enfin la nappe est dépassée —
ô fraîche transparence de l'air —, les vieilles
recettes de la guerre par un bombardement
intensif fauchent les rescapés.

Cité dans sa presque intégralité, ce tableau
d'une scène de la Première Guerre mondiale
est le plus long du roman. Soudain Jean
Rouaud ouvre d'un coup de bistouri ce qui
s'est dissimulé sous le voile acceptable de
l'imagerie collective. C'est l'univers de Fran-
cesco Rosi des *Hommes contre*, de Joseph Losey
dans *Pour l'exemple* et de Stanley Kubrick dans
Les Sentiers de la gloire qui brutalement fait
irruption, alors que le texte ne semblait pas

devoir ouvrir sur de telles atrocités. Mais l'on s'aperçoit alors que l'on n'a en fait jamais cessé de lire ce livre avec, quelque part au fond de soi, de semblables images. Comme si certains signaux les avaient activées, fait sortir de leur engourdissement au fil de la lecture. Ce qu'on sentait obscurément, sans parvenir à l'identifier, prend alors forme : les trois malheurs consécutifs du début des *Champs d'honneur*, en premier lieu la mort du « grand Joseph », venaient en écho à cet autre malheur, familial certes, mais que l'on retrouve à l'échelle de la nation. Morte une première fois symboliquement à la vie avec son frère Joseph, la « petite tante » le serait définitivement avec Joseph, son neveu. La boucle se referme, dans la superposition des deux prénoms.

À cet instant il devient évident que Marie n'a jamais détourné son regard des jours horribles de 1916, durant lesquels elle assista à la fin de son frère. Comme si, quarante-huit ans durant, elle s'était employée à donner le change sans cesser de penser à autre chose. Peut-être symbolise-t-elle, avec le sens de l'exagération qui la caractérise, les familles françaises qui ont continué de vivre, apparemment oublieuses, mais dont on s'aperçoit qu'elles restèrent durablement marquées par les pertes de 1914-1918. Pour elle la mort du « grand Joseph » signifie un retour brutal de ces réalités refoulées, qu'on découvre encore actives, au point de les voir revenir sur le devant de la scène à l'occasion de tel ou tel conflit. Marie, mutilée en tant que femme, c'est l'illustration du traumatisme d'un pays bouleversé économiquement et politiquement, mais peut-être plus encore moralement, par la guerre. En elle il y a ce choc et ce trouble ineffaçable de ceux qui les vécurent : la vieille fille a gardé le regard captivé par les morts des tranchées. Comme la majorité de sa génération, elle nourrit très visiblement le sentiment d'avoir eu tôt derrière elle son idéal et ses espérances. Sans doute était-ce pour cette raison que, même si l'humilité chré-

tienne y avait sa part, la « petite tante » dans
son rôle d'institutrice comblée

> *comprimait soigneusement cette région d'elle*
> *d'où sourdait le chant.*

On ne réalisera à quel point la Grande Guerre
était restée présente en elle, qu'en l'entendant,
à l'approche de la mort, tenir un discours
étonnant de précision sur les événements de
l'année 1916 :

> *Son esprit campait dans une quatrième dimen-*
> *sion de l'espace-temps (...). elle semblait habitée*
> *de visions (...). on l'a laissé vadrouiller du côté*
> *de sa mémoire archaïque (...).*

Il fallut quelque temps à la famille pour
s'apercevoir que la « petite tante », après la
mort de son neveu, allait en réalité de ce
Joseph à l'autre et mêlait leurs histoires, que
chez elle le rail du passé continuait de courir
parallèlement à celui du présent. Et que dans

son horizon à elle les deux toujours à un moment se rejoignaient.

Les perturbations du monde peuvent parfois se vivre au niveau direct d'une confrontation. Mais elles agissent le plus souvent de manière biaisée, fortement médiatisée. Et lorsqu'elles font irruption dans l'existence des personnages, c'est de façon tout à fait dévastatrice. Cela se produit à quelques reprises dans *Les Champs d'honneur*, ainsi que dans la seconde partie des *Hommes illustres*, au cours de laquelle le père du narrateur se trouve projeté dans des turbulences tragiques de la Seconde Guerre mondiale, jusqu'à en devenir l'un des acteurs. Dans l'un et l'autre cas, les bouleversements qui s'ensuivent apparaissent terribles et projettent les personnes hors de leurs chemins habituels. La guerre, telle un cataclysme dérangeant tout sur son passage, crée un désordre durable. Avec ici ces deux apogées de l'horreur que sont le lancement de gaz mortels et le bombardement de Nantes, vers lesquels chaque récit vient respectivement culminer. Il s'agit à chaque fois d'une horreur à grande échelle, pour cela en quelque sorte peut-être banalisée. En réalité c'est la guerre moderne, en tant qu'industrialisation de la mort, qui sous-tend les romans de Jean Rouaud. En face de cela le quotidien semblerait plutôt terne et fade, avec ses petites histoires domestiques et son paisible train-train. Mais ce serait oublier un peu vite qu'il porte précisément les stigmates de ce qui s'est passé un jour dans le monde. Comment pourrait-il d'ailleurs en aller autrement, quand par exemple Mathilde aura dû élever seule son fils Rémi, resté ensuite presque logiquement auprès d'elle ? Ou quand Pierre quittera Aline et son petit garçon Joseph pour, au cœur de l'hiver 1929, rejoindre Commercy par la route et y retrouver enfin les restes de son frère Émile, mort anonymement au front en 1917, avant de les rapatrier vers Random, à l'autre bout de la France, en une équipée automobile rocambolesque, contournant avec son chargement macabre toutes les villes sur son itinéraire ? Comme si, au bout de ce voyage, Pierre rapportait à la famille, d'un coin lointain de la Lorraine, des preuves tangibles du passage de la guerre, par l'entremise de ses quelques ossements exhumés au bout d'une décennie. Témoignage enfin palpable de la monstrueuse intrusion dans le cours tiède des jours de la famille. Preuve concrète d'une collision de l'intime avec les phénomènes du monde. À partir de là, la petite comédie du quotidien, telle qu'elle se déployait en prenant toutes ses aises, sera sans doute lue différemment. C'est aussi ce qui contribue à porter les deux livres de Jean Rouaud hors du champ stérilisant de la nostalgie.

Le nouvel ordre perturbant du paysage

La guerre absente, ou ayant simplement reculé d'un cran à l'horizon en se transformant en son avatar colonial, il est alors question de cet autre phénomène perturbant, cette fois dans l'ordre immuable du paysage, que fut le remembrement. Là encore c'est en effet le monde extérieur qui vient brutalement imposer son cours et ses lois à un univers plus habitué aux lenteurs des processus longs. Jean Rouaud aborde ce sujet sous différents angles dans *Des hommes illustres*. Dans la première partie du livre, on voit le père du narrateur sillonner sa région et, au hasard de ses pérégrinations commerciales, remplir la malle de sa voiture de pierres en quelque façon intéressantes. Il les stocke ensuite au fond de son jardin, pour une hypothétique réalisation dans la lignée du facteur Cheval. Perpétuant à son niveau l'habitude du piéton drômois. Les grosses machines agricoles qui s'apprêtent à faire leur apparition ne laisseront plus guère de pierres dans les champs, trop dangereuses pour leurs fragiles mécaniques. Ce que le père sauve ainsi symboliquement, ce sont des fragments de passé devenus une gêne pour les temps nouveaux. Quant au remembrement, il apparaît ici comme une perturbation majeure, qui oblige chacun à réviser complètement un rapport à l'environnement jusque-là considéré comme immuable. Alors que les hommes semblaient d'autant plus changer que le monde alentour paraissait rester figé, c'est désormais le monde qui va bouger plus rapidement qu'eux, avec ce qui peut en découler comme troubles internes et externes.

Là encore le propos échappe à l'interprétation passéiste, dès lors que l'évolution, avec la part de désordre qui l'accompagne, n'en reste pas moins considérée comme la loi du monde. Et celui-ci ne varierait-il pas que le regard humain le ferait tout de même passer par une série de métamorphoses. Profitant de ces climats océaniques humides et souvent embrumés qui permettent toutes les dérives de l'imaginaire, Jean Rouaud montre en effet que cette propension générale au changement trouve une façon d'équivalent dans la capacité de désordre de la vision, qui par exemple prête aux nuages qui viennent surplomber la région nantaise une vie, un passé, une histoire. Il semble cependant que, dans sa lignée, le narrateur soit le premier à vraiment prendre en compte cette instabilité de toute chose, à passer du champ de l'absolu à celui du relatif. Les autres, jusqu'à son père, paraissant à l'inverse entretenir plutôt un rapport fixiste au monde, considéré comme définitivement donné. Ce dont fait preuve ce narrateur, c'est tout simplement d'un regard neuf, qui introduit de la vie et de la surprise dans ce qui paraissait d'abord inerte et convenu. Même s'il est évident que Random n'occupe pas « *une vallée perdue à l'écart de la civilisation* », il faut assurément de la patience, et l'obstination de l'écrivain, pour y sentir passer le grand courant du temps :

> *Prenez quelques millions de pèlerins, passez-leur autour du cou une coquille, envoyez-les par n'importe quel chemin en Galice, à Saint-Jacques-de-Compostelle, et demandez-leur, au moment de franchir le porche de gloire de la*

cathédrale, d'imposer la main sur la colonne centrale. Revenez cinq siècles plus tard, la sueur des pèlerins a creusé une profonde empreinte de cinq doigts dans le granit. Un souffle, pourvu qu'il ne se décourage pas, suffit à araser des montagnes. Elles culminent à quatre cents mètres aujourd'hui. Encore un peu, quelques rafales, et le massif armoricain ressemblera, fertilité en moins, aux plaines de la Beauce.

Cela, un œil imaginatif est précisément capable de le percevoir. Inscrivant du même coup le particulier dans l'ordre du général.

Seul parmi les siens, claustrés sous un horizon trop bas, le narrateur a pressenti que l'apparence d'immobilité est également sujette à fluctuations et qu'il arrive aux époques d'avoir une fin. Que fait en effet Jean Rouaud à travers ces livres, sinon se retourner sur un temps, dont, depuis le milieu des années quatre-vingt, l'on est en train de vivre la fin ? Et du même coup les singuliers retours sur l'année 1916, dans *Les Champs d'honneur*, et sur

1943, dans *Des hommes illustres*, deviennent compréhensibles. Car c'est pour partie un monde issu des deux conflits mondiaux qui disparaît à l'approche des années quatre-vingt-dix. On remarquera alors que, pour boucler la boucle en une resucée parodique du premier drame mondial, des tranchées bientôt surgiront dans le désert irakien, tandis que des hommes terrés porteront de nouveau le masque à gaz. Impossible de lire Jean Rouaud en dehors de cette spirale, par laquelle on se retrouve un temps à l'aplomb de ce qui avait agi de façon déterminante sur l'histoire du monde. Une longue avancée jusqu'au lieu d'où enfin un point d'origine se laissera découvrir. D'où l'absolue nécessité du récit de la petite comédie familiale, des bizarreries de la tante Marie, du quant-à-soi de Mathilde et Rémi, de l'apparence d'immuabilité intemporelle de ce monde : cet ordre fut engendré par un désordre et contient à son tour son propre désordre. Il y a là-derrière une vision précise de l'Histoire en mouvement, sur quoi repose la structure, elle-même en forme de spirale, de ce premier livre.

Ce « nous » qui survit

Si *Les Champs d'honneur* s'étaient ouverts sur la mort du père, vers quoi le récit aurait ensuite dû logiquement remonter, l'apparition d'un Joseph de substitution avait donc fait dévier le livre vers une mort plus ancienne, qui donnait sens à la destinée de cette famille. La mort du père ne serait en fait évoquée que dans le second livre. Comme s'il avait fallu en passer par une étape préliminaire, à l'issue de quoi cette famille à l'aspect tranquillement commun se transforme en un véritable club de rescapés de tous les cataclysmes ; là encore, à l'image de nombreuses autres familles de ce pays. Car après tout Pierre et Marie, les premiers, réchappèrent d'une Grande Guerre à laquelle succombèrent leurs frères Joseph et Émile, leur sœur Eulalie attendant pour sa part la dernière année du conflit pour se laisser emporter par la grippe espagnole. Dans la chaîne des ascendants du narrateur sont ensuite venus Joseph et sa femme Anne, dont *Des hommes illustres* nous apprend qu'ils furent eux aussi à deux doigts d'y passer, et donc de ne jamais lier leurs destinées, et accessoirement de ne pas avoir d'enfants. À cet égard le *« ouf, nous sommes sauvés »* de la fin du livre sonne comme le cri de délivrance de qui a bien failli n'être jamais engendré. Le narrateur apparaît ainsi comme le dernier rescapé d'une chaîne de catastrophes qui ne cessent de balayer sa famille. Il se pose en quelque sorte à l'égal de ses père, mère et grand-père, comme si à chaque génération l'Histoire choisissait sa quantité de victimes et de témoins. En 1941 déjà, à la mort de Pierre, on avait pu voir un :

> *grand jeune homme en manteau de deuil penché*
> *au-dessus des siens, épousant la courbe des*

cyprès qui s'inclinent doucement sous les souffles
frais de novembre.

Or derrière celui-ci pointait déjà ce cycle cata-clysmique qui semble déterminer l'histoire familiale :

> *On dirait qu'il hésite à se coucher à son tour,*
> *à reprendre entre eux la place chaude de*
> *l'enfant prodige qu'il fut, comme s'il se prépa-*
> *rait déjà à répondre présent au prochain appel.*

C'est assurément de cet ensemble de troubles que découle une conséquence qui n'a évidem-ment pas échappé aux lecteurs : on cherche-rait en vain dans ces récits le « je » qui définit traditionnellement un narrateur à la première personne. Jean Rouaud en effet utilise la pre-mière personne du pluriel, ou le « on » imper-sonnel et sa déclinaison en « vous ». La ques-tion du narrateur ne sera en fait résolue que dans son troisième livre. Les deux premiers romans posant pour leur part une question

d'identité, dont certaines variations du
« nous » et du « on » apparaissent comme la
manifestation la plus visible, puisqu'on peut
trouver sous ces appellations des référents
assez changeants. Tantôt en effet il s'agit du
narrateur et de ses deux sœurs, tantôt il apparaît que le pronom rend compte d'une expérience beaucoup plus personnelle. Autrement
dit le « nous » et le « on » doivent être consi-
dérés comme des pronoms à géométrie varia-
ble. Non pas en tant qu'artifices ou coquet-
teries d'un auteur qui chercherait à teinter ses
récits d'une coloration particulière, avec une
manière de permanente onction pour racon-
ter des histoires des temps passés. Mais bien,
d'abord, comme une impossibilité de parler
de ces choses à la première personne : il sera
longtemps nécessaire de les tenir à distance,
de les présenter comme détachées, dans une
autonomie qui en autorise la narration. Il fallait à Jean Rouaud inventer ce profil de narrateur, collectif et anonyme, pour sans doute
éviter de tomber dans la sentimentalité et le

pathos de l'identification. À cette raison, née d'un souci de distanciation, vient donc s'ajouter l'effet de basculement induit par la mort du père : une sortie de l'enfance dans la douzième année et l'entrée dans l'individualisation de l'âge adulte. Le « je » ne pourra en effet émerger qu'après la mort du père, invalidant le « nous » multiforme de la geste familiale. Ce sera l'ère de l'individuation, avec au bout l'écriture, qui commence pour le jeune adolescent orphelin du père et, avec celui-ci, de tous ses ancêtres qui peuplent le cimetière.

TROISIÈME PARTIE

L'écriture de la dissonance

Ce fils qui témoigne et décrit

Dans sa longue évocation de la soirée du dimanche 26 décembre 1963, où l'on entendit un choc sourd au premier étage de la maison de Random, avant de retrouver le père entrant en agonie sur le sol de la salle de bains, Jean Rouaud se rappelle que ses dernières paroles à son endroit furent pour lui souhaiter sa fête : l'une des Saint-Jean se célèbre le 27 décembre, tandis que l'autre marque le solstice d'été. Or, au beau milieu du récit de la mort désormais toute proche, le romancier introduit une considération qui peut d'abord paraître incongrue :

Comme le lendemain 27 décembre est la Saint-Jean l'Évangéliste, il n'oublie pas en vous embrassant de vous souhaiter votre fête. Il vous fait un peu peur, cet homme, bien qu'il n'ait jamais porté la main sur vous, mais son autorité en impose et vous cloue souvent le bec, alors quelle tête ferez-vous quand vous apprendrez, des années plus tard, qu'il vous a donné ce prénom-là, fêté à cette date-là, parce que c'est celui que portait le disciple bien-aimé ? D'ailleurs, vous y tenez vous aussi, qui à chaque fois ne manquez pas de vous récrier quand on le confond avec l'autre Jean, celui du 24 juin, le Baptiste, le décolleté. Beaucoup plus tard encore il vous viendra à l'esprit que c'est aussi celui-là, le préféré, qui a rendu compte : « c'est ce disciple qui témoigne au sujet de ces choses et qui les a écrites ».

Par cette incise, Jean Rouaud dévoile encore un peu plus précisément la nature de son projet. Il s'agit en effet ici d'éviter une déperdition, de rassembler ce qui pourrait se présenter comme épars, de reconstituer le grand tableau familial dans toutes ses composantes. À l'identique de l'apôtre Jean sur son île de Patmos, le lointain homonyme qui écrit aujourd'hui tient le récit d'une sorte d'apocalypse : non pas celle à venir à la fin des temps, mais celle à laquelle Pierre, le grand-père, puis Joseph, le père, avaient un temps réchappé. Lui-même ayant bien failli ne jamais voir le jour. Comme si sa propre vie avait toujours dû se frayer sa voie dans l'ombre de ces apocalypses. On retient de la lecture des romans de Jean Rouaud une sensation d'hécatombe, qui fait de la vie accordée aux enfants de Joseph Périer et Anne Burgaud une manière de survie miraculeuse. Du même coup on comprend mieux ce long cheminement effectué avec un visible plaisir, ces méandres, déployant confortablement leurs boucles, tels que les donne à voir une très grande partie des *Champs d'honneur* jusqu'à l'irruption du nuage empoisonné au-dessus de la plaine d'Ypres, ainsi que de nombreux épisodes des *Hommes illustres*.

Ce que capte avec délectation cette écriture, ce sont pour beaucoup ces instants voués à l'oubli éternel dans des existences elles-mêmes anonymes. Si personne pour elles ne témoigne, leurs traces concrètes disparaîtront à jamais. Car ce qui, du vivant de ces personnages, apparaissait sans doute tellement tangible, n'est plus que le souvenir de quelques-uns, lui-même sous la menace d'un inéluctable délitement. Si bien qu'on peut désormais percevoir dans le hasard de cette mort, à la veille de la Saint-Jean, un événement de portée symbolique, comme un message muet laissé à celui qui va rester : quelqu'un, Jean le bien-nommé, est déjà là pour faire pièce au blanc de la mémoire et permettre d'échapper à l'engrenage de la déperdition. Aussi bien note-t-il à la fin des *Hommes illustres* qu'il convient de :

ne pas disparaître avant qu'on ait un peu parlé de nous,

pour aussitôt ajouter, désignant une autre source de son travail :

nous ne sommes pas si importants que d'autres s'en chargent, trop humbles, trop laborieux.

En empruntant le titre de son second roman à Suétone et saint Jérôme, pour évoquer la vie d'une famille sans lustre particulier, Jean Rouaud indique précisément quel dessein il assigne à l'écriture. Comment aussi l'écriture lui paraît capable de redresser une image toujours inversée de la réalité, en redonnant aux discrets et aux inconnus de l'Histoire l'importance qui leur revient : la Grande Guerre, ce fut l'affaire de Joseph, la Seconde Guerre mondiale, celle de son homonyme. Ce que le récit de l'Histoire leur retire, l'écriture le leur restitue.

À ce point de la lecture, on est alors tenté

de faire le rapprochement avec d'autres livres, qui ne cessent pas de remettre ainsi les choses sur leurs pieds : ceux de Claude Simon. Pas seulement parce que l'un et l'autre romanciers, en se tournant vers la guerre de 1914-1918, touchent profond la mémoire nationale, qui reste encore largement refoulée, tout comme la guerre d'Algérie. Pas seulement non plus par la sorte de proximité que l'on relève entre l'expédition de Pierre à Commercy, en 1929, pour retrouver les restes d'Émile dans *Les Champs d'honneur*, et la scène d'ouverture de *L'Acacia*, où l'on voit trois femmes et un enfant, en 1919, parcourir les villages et les champs pour retrouver la trace d'un disparu. Mais à cause d'un semblable choix de perspective, volontairement terne, méfiant à l'égard de tout ce qui pourrait subrepticement réintroduire quelque chose de l'ordre de l'épopée, ou même simplement de l'héroïsme, dans le déroulement du récit. C'est un même art que l'on retrouve dans l'un et l'autre cas : l'œil systématiquement braqué sur les détails du terrain et les humains qui s'y accrochent, si interchangeables d'apparence. À l'instar de Claude Simon, Jean Rouaud écrit justement contre cette trompeuse interchangeabilité.

Une telle conception de l'écriture implique une grande modestie de principe, de la part du romancier. Il ne peut être en l'espèce le démiurge qui manipule des personnages et les dispose à sa guise dans les décors choisis par lui. À aucun moment on ne surprend ainsi Jean Rouaud en train de les faire agir. Fidèle au principe du chroniqueur omniprésent qu'il a adopté d'emblée, il les suit et les écoute, sans renoncer aux remarques et aux incises, à l'humour et à l'ironie. Y compris sans doute pour masquer l'émotion devant les événements les plus graves. La mort du père est résumée dans *Les Champs d'honneur* en deux phrases, où la dérision pourrait bien apparaître comme la forme la plus montrable du désemparement :

Un caillot de sang s'intercale entre le cœur et le cerveau. Comment penser, aussi, qu'à quarante ans l'âme puisse aussi bêtement bouchonner ?

Jean Rouaud va donc s'attacher à suivre chacun, jusque dans ses bizarreries et ses petites folies douces. La tante Marie et ses images pieuses, le père ramasseur de pierres et admirateur un peu pénible des menhirs de Carnac, le grand-père Burgaud et son inénarrable 2 CV... Des personnages qui ne sont pas taillés d'un seul bloc, mais incarnent les singularités de la vie : l'insignifiant est partie intégrante du vivant, et la vérité de chacun se présente comme un assemblage baroque, vers quoi le romancier, à l'encontre de l'historien, incline à porter son regard.

À la manière d'une tresse

L'humour et la dérision servent souvent ici d'enrobage à la sensibilité, s'appliquant semblablement aux différents composants des livres de Jean Rouaud, la chronique de la famille comme les images de la province ou l'évocation du climat. Tous ces fils narratifs sont rassemblés en une tresse extrêmement élaborée, qui se déroule sur un fond d'ironie discrète, à quoi se reconnaissent aussi les livres de Jean Rouaud. Les chapitres et les angles de vues peuvent ainsi se succéder, les personnages se suivre sur la scène et tour à tour en redescendre, les événements s'entrechoquer : il reste toujours au bout du compte un ton délicatement acidulé, débordant de malice. Car on trouve ici, à côté d'une mélancolie évidente, une sorte de joie tranquille, d'esprit taquin qui s'anime devant le défilé des épisodes du souvenir. De grande bonté aussi, s'affichant sans honte : on aime les gens pour les petites choses autant que pour les grandes. Ainsi, pour le fils, les talents de bricoleur délirant du père comptent probablement à l'égal de ses actes d'héroïsme pendant la guerre. Et même dans la seconde partie des *Hommes illustres*, il ne peut s'empêcher de continuer de voir le père à travers ce filtre d'ironie, notamment lorsqu'il évoque l'arrivée de Joseph Périer, clandestin, chez les Burgaud, à Riancé :

> *Au petit matin il posait pied à terre devant le magasin de monsieur Burgaud, tailleur pour hommes et pour dames à Riancé, maison fondée en 1830, selon l'aristocratique blason doré au-dessus de la vitrine. En attendant l'ouverture, il se livra à une toilette sommaire qui consistait à retirer les tiges de foin de ses vêtements, essuyer ses verres de lunettes et se redonner au jugé un coup de peigne. Deux jeunes filles le dépassèrent en gloussant. Elles contournèrent la maison par le jardin mitoyen et l'une d'elles, peu après, entreprit de hisser le rideau de la boutique, tout en lançant un nouveau regard intrigué au grand jeune homme frigorifié qui se frottait les mains et tapait du pied sur le trottoir en face.*

Le sourire est également un moyen de ne point trop laisser transparaître l'émotion.

Cette douce ironie du ton s'applique donc tout autant à la chronique que tient le narrateur des événements du passé, qu'au récit qu'il y mêle, là où il faut en combler les blancs, comme au témoignage qu'il nous livre à partir de ses propres expériences d'enfance jusqu'au fatidique 26 décembre 1963. Sans faire s'estomper les nuances d'éclairages entre les trois approches, il crée une même couleur de fond, qui agit comme un reflet de leur unité fondamentale. Seul un événement extraordinaire, comme le gazage de Joseph, peut en rompre la continuité. Cependant là encore quelque chose de piquant perdure, non plus sous l'aspect de la gentille dérision, mais de la dénonciation du cynisme meurtrier par lequel on a pu envoyer des hommes à la mort :

> *Dans l'immédiat, on envoie un régiment de Marocains récupérer les positions perdues. Le*

gaz n'est pas encore dissipé, mais ces gens du
désert ont l'habitude du vent de sable qui pique
aussi les yeux et les bronches.

Bref, Jean Rouaud opère de la sorte une permanente mise à distance, en liant le fait à sa critique implicite. L'effet de profondeur de champ naît certainement pour partie de cette technique d'approche. Et cela reste vrai jusque dans les passages qui se déroulent au présent, empêchant littéralement le regard de se laisser enfermer dans l'événementiel et le factuel, et l'ouvrant à la plus vaste perspective d'une réflexion. Ce n'est donc pas à proprement parler un reflet du passé et des évolutions historiques de la société française, de 1914 à 1963, que nous proposent ces deux premiers livres, mais une véritable lecture critique. Depuis la boucherie de 14-18 jusqu'au remembrement, Jean Rouaud pointe ces faits qui ont contribué à modeler notre présent. Par exemple, à propos du travail de diffusion de l'instruction publique dont la « petite tante » Marie fut la fervente protagoniste, il fait subtilement ressortir des évolutions de mentalités. Quand il est brièvement question de la guerre d'Algérie, on s'aperçoit ainsi que la tante Marie, à l'image du corps enseignant tout entier, a conquis une autonomie d'esprit qui la fait s'opposer à un aspect capital de la politique de la République, au début des années soixante. Même s'il est également probable que, pour elle, les prières pour la paix en Algérie qu'elle fait dire à ses petites élèves, rattrapent d'autres prières qui ne furent sans doute pas dites, quarante-cinq ans auparavant, pour les troupiers marocains contraints d'inhaler les gaz mortels. Autre écho lointain d'une page un peu oubliée de l'Histoire... Les textes de Jean Rouaud fonctionnent ainsi sur un système de renvois et de signaux qui se répondent dans le temps, rendant du même coup tangible, sans paraître y toucher, le cheminement de quelque chose qui ressemble fort à l'Histoire elle-même.

C'est donc une image extraordinairement complexe du passé que Jean Rouaud nous renvoie, d'où se dégage à la fois une impression mêlée de déchirure et de violence et une sensation d'harmonie ancestrale. À chaque fois ses évocations laissent en effet toujours transparaître une manière d'ordre tranquille, immuable, avec des lenteurs de société pastorale. Comme un temps charmant, nimbé d'idylle, mais un peu fade. Il y a là des habitudes, des rites, une répétition, qui font penser à un temps replié sur soi, n'éprouvant pas la nécessité de se projeter vers un avenir. Ainsi le rite du pliage du bulletin paroissial, machinal au même titre que la messe dominicale : un passage obligé de la vie des enfants Périer, se répétant à intervalles réguliers ; une balise pour eux installée de tout temps dans l'ordre du monde. Ainsi des retraites d'Alphonse Burgaud, le grand-père maternel, chez les trappistes de La Melleraye, pour une récollection qui lui permettait d'échapper, le temps d'une conversation avec son ami le frère Eustache, aux contingences du monde ; ou d'imaginer celui-ci épuré de toutes ses tares. Ainsi de la préparation et de la célébration de la Fête-Dieu, avec une union chaque année retrouvée entre croyants et moins croyants, un retour régulier à une unité première, comme l'inscription dans un ordre supérieur qui ramènerait les dissensions à leur petite signification. Chaque année les mêmes personnes feraient les mêmes gestes aux mêmes endroits : rappel de la place inamovible attribuée à chacun, dans cette vie qui paraissait ne pas cesser de repasser toujours dans sa propre trace.

Entre cette apparence d'immobilité et la violence des perturbations signalées à l'horizon, les récits de Jean Rouaud sinuent de telle façon qu'apparaissent les entrelacs secrets en lesquels celles-ci se rejoignent. Car la vision du passé, quoi qu'il puisse parfois y paraître, n'est absolument pas homogène. Ce n'est en aucune façon un bloc univoque qui se présente au regard, mais un conglomérat. Ou, du moins, ce qui voudrait se présenter comme d'un seul bloc apparaît en fait strié de veinules révélant la présence d'autres composants. Quand Jean Rouaud s'essaie à restaurer l'ordre du passé, il le fait par conséquent non pas à plat, mais avec un sens aigu de la profondeur, de ces forces qui travaillent en souterrain, sous une surface d'apparence lisse et indestructible. On peut le plus souvent les remarquer à de soudains dysfonctionnements du comportement, qui servent de révélateur. Par exemple la fugue du grand-père Burgaud, dans l'année qui précéda sa mort, à l'île du Levant, pendant les vacances traditionnelles dans les Maures, chez sa cadette Lucie et son mari John :

> *De lui, rien n'aurait dû nous surprendre : son*
> *indépendance d'esprit, ses virées solitaires, cette*
> *façon lasse de véhiculer les siens. Ne devait-il y*
> *en avoir qu'un à faire le voyage, ce ne pouvait*

être que lui. On l'imaginait en inspection sur l'île, l'air vaguement précieux, détaché, tirant sur sa cigarette tandis qu'il engloutissait de ses yeux plissés la nudité des femmes, les seins multiformes, le frémissement des chairs, humant les peaux dorées parfumées de crème solaire (...). Mais cette fugue laisse rêveur, comme si le vieil homme recevait tacitement procuration pour profiter de son solde de vie.

Une fugue se produisant cinquante et un ans après son mariage, en 1912, qui lui-même...

avait été sinon imposé du moins arrangé par leurs parents — union triomphante de commerçants prospères qui lançaient sur leur descendance une OPA radieuse. L'affaire devait tourner court, emportée par la tourmente du siècle, mais, dans l'euphorie de leur magasin de vêtements, Au bonheur des dames, rien n'interdisait d'y croire, et les promis, pour ne pas contrarier l'avenir, avaient fait en sorte de s'aimer. Non que l'amour soit si important :

113

après trente ou quarante ans, tout le monde se
retrouve au même point. Mais cette impression
désagréable de n'avoir pas été maître de son des-
tin : on ne se convainc pas facilement qu'autre-
ment n'eût rien changé, on ne retient que l'éven-
tualité d'un meilleur gaspillé et enfui. On ne
retient que l'intolérable.

Autrement dit la fugue du grand-père ne rele-
vait pas que de l'aimable joyeuseté d'un vieil-
lard extraordinairement libre et malicieux.

Ce sont aussi les frustrations individuelles
qui viennent lentement au jour dans ces
récits. De sorte que la gentille et quasi exemplaire saga familiale racontée par un descen-
dant espiègle parle également d'un temps de
douleurs, d'échecs et de drames. Car, si l'on y
regarde de plus près, que voit-on ? Non pas
une parentèle accordée dans une harmonie
faisant la part belle aux singularités de chacun,
dans une manière de rare complémentarité.
Mais, sous le ton enjoué de la narration, des
solitudes qui cohabitent et viennent s'addi-

tionner, donnant l'illusion d'une communication intense, d'une permanente mécanique d'agrégation, d'un vivace esprit de clan. À côté des moments de partage, qu'on aurait sans doute tort de négliger, les personnages d'adultes évoqués par Jean Rouaud connaissent tous peu ou prou, en effet, de réelles solitudes. Pour reprendre l'exemple du grand-père, les fréquentes retraites à La Melleraye et les discussions qu'il y a avec le père Eustache viennent également témoigner d'un désir par ailleurs non satisfait :

> *N'entrait dans le domaine réservé de l'abbaye que les confidences haut de gamme, les pensées généreuses, les grands élans mystiques. C'était un grand-père épuré qui pénétrait dans cette ébauche de la Jérusalem céleste.*

Comme l'indispensable préservation d'une part de son être tenue en lisière par la vie domestique, et contrainte pour ainsi dire à la clandestinité. Son gendre Joseph connaît pour sa part une autre forme de solitude, puisqu'il doit chaque semaine partir arpenter les routes des départements bretons, en tant que voyageur de commerce. C'est seulement le dimanche qu'on le voit avec sa famille. Encore organise-t-il à la belle saison des escapades dans des coins repérés au cours de ses déplacements, qui ne font en fait que révéler à sa femme et à ses enfants des facettes de cette autre vie qu'il mène seul le restant de la semaine. Quant à la tante Marie, il est évident que son frénétique apostolat pédagogique et religieux se double d'une immense solitude, dans sa petite maison au bout du jardin. On retrouve un cas de figure guère différent avec Mathilde et Rémi, voisins immédiats de Joseph Périer et de sa famille, qui vivent entièrement repliés sur eux-mêmes, dans la bulle aux parois épaisses. Et que dire de la grand-mère Burgaud, irrésistible de drôlerie quand elle raconte et mime certains relâchements de tenue de ses contemporains, à l'image des femmes tentant de lutter contre la chaleur dans un wagon de chemin de fer, mais qui paraît surtout promener dans le monde sa dignité compassée, si visiblement vieillotte qu'elle l'isole à coup sûr ?

Une bonne conscience mise en doute

Certes tout cela est évoqué par Jean Rouaud avec une sorte de tendresse amusée, à certains moments emportée par un esprit plus corrosif, alors qu'à d'autres poindrait plutôt un romantisme tempéré. Il n'en reste pas moins que ces vies, malgré leur pittoresque et les quelques fous rires qu'elles engendrent, penchent plutôt du côté d'une grande mélancolie foncière. Comme si la vie avait décidément du mal à reprendre, après la « tourmente du siècle ». Bien entendu, personne jamais n'en parle. Mais c'est justement ce silence commun, tacitement accepté, qui agit comme révélateur. Si bien que la période 1914-1918 apparaît littéralement neutralisée dans une mémoire familiale qui, sur ce point, s'apparente totalement à la mémoire collective. Ce que Jean Rouaud met ici remarquablement à jour, c'est cette espèce de trou béant, masqué par un voile pudique, qui a permis l'existence d'une bonne conscience collective. Car la mélancolie ici ne relève pas de quelque inaptitude congénitale face à l'existence. Des scènes de cimetière, de morts, traversent l'un et l'autre le livre comme un fil rouge. Certains ont vu dans *Les Champs d'honneur* un livre de mort. Il s'agit plutôt d'un livre qui montre l'emprise silencieuse de la mort collective sur les générations qui se sont succédé depuis 1918.

Le grand Joseph, figure centrale avec le narrateur des deux premiers romans de Jean Rouaud, fait en l'espèce fonction de révélateur. Parce qu'il est d'abord celui dont la disparition déclenche le récit de son fils, même si le premier livre débouche sur un épisode inattendu à l'origine. Mais aussi parce qu'on le voit à différentes reprises, dans des circons-

tances toujours funèbres, s'approcher lentement, progressivement, par tout un système
de retours en arrière, de ce qui apparaît en fin
de compte comme le cœur véritable de ce
livre. C'est d'abord, première étape de cette
démarche rétrospective, le jeune homme seul
sur la tombe de son père, à la Toussaint
1941 :

> *La foule se retire peu à peu du cimetière, et il
> reste seul dans le grand silence intérieur face à
> l'appel emmuré des siens.*

Puis on le découvre un an auparavant, dans le
même cimetière, côte à côte avec son père,
sur la tombe d'Aline :

> *Cet homme effondré est son mari, et le jeune
> homme charmant qui dépasse tout le monde,
> leur petit Joseph, ce dernier-né qu'ils n'espé-
> raient plus, et la petite dame aux cheveux
> blancs qui les rejoint à pas pressés, la tête dans*

les épaules, sourcils froncés, est la plus formidable institutrice de Loire-Inférieure.

Plus avant encore, comme si Jean Rouaud lui faisait remonter une sorte de Voie Sacrée familiale, on le retrouve le 5 février 1929, jour du départ de son père pour l'expédition macabre de Commercy. S'il ne figure pas sur la photo qui a fixé l'événement, c'est que tout porte à croire qu'il en est l'auteur : il est déjà un garçon de six ans. Sur le cliché Aline montre :

un air sombre, inquiet, réprobateur devant ce Pierre comme un enfant au volant de son char mirobolant. Elle sait pourtant que rien ne pourrait l'arrêter — et en cela Joseph tient de son père. Mais le fils justement est absent du cliché. Peut-être est-ce lui qui prend la photo.

La remontée s'achève donc, grâce à la confusion des prénoms, le 26 mai 1916, par cette mort fondatrice que fut celle de... Joseph. À ceci près qu'un premier Joseph finalement en laissait voir un second, à l'autre extrémité de la chaîne des morts. On a affaire à une architecture romanesque d'une impeccable rigueur.

De même qu'on observe un parallélisme frappant entre ce qui se produit dans les épilogues des deux romans. *Les Champs d'honneur* montraient en effet un Joseph que la « petite tante » Marie arrachait à l'appel du cimetière, à la Toussaint 1941 :

> *La petite tante arrivée derrière lui le tire par le manteau, insiste, et après quelques rappels, emporte sa décision. Il veut bien essayer encore. Il remonte l'allée centrale en compagnie de cette petite force têtue — oh, arrêtez tout.*

Tandis que *Des hommes illustres* évoque le moment pendant lequel Anne, la future mère du narrateur, est entraînée à l'abri lors des bombardements de Nantes :

(...) ne reste pas plantée pétrifiée de terreur sur ce trottoir meurtrier, à côté de toi une femme s'effondre et par son ventre ouvert libère ses entrailles, c'est notre chance, le cri que tu pousses alerte ton gentil cousin qui te repère enfin dans le nuage de fumée et, te tirant par la main, t'entraîne en courant vers les caves du café Molière tandis qu'au même moment, dans le cinéma dévasté, l'écran incendié jette ses derniers feux — ouf, nous sommes sauvés.

Un peu moins de trois années séparent ces deux scènes d'une similitude frappante, semblablement conclues par deux exclamations, presque deux supplices, en tout cas deux cris du narrateur contre la mort. Comme si se faisait jour en lui la conscience d'être un miraculé, avec ce père contraint par la « petite tante » de choisir la vie et cette mère arrachée par son cousin à une mort certaine. Réchapper à tout cela en même temps peut effectivement être perçu comme un véritable prodige, surtout quand la guerre ajoute encore de la mort à la mort.

Poésie, musique... *dissonance*

Dès lors on comprend mieux la présence d'une époustouflante dernière phrase dans *Des hommes illustres*, se déroulant sur sept pages, sans doute pour narrer l'effroyable assaut aérien sur la ville de Nantes, avec son effet dramatique, mais aussi pour laisser pressentir la puissance d'un souffle vital, un vouloir-vivre venu des tréfonds d'une génération succédant aux générations sacrifiées des deux guerres mondiales. Si la mort pèse lourd, trop lourd, elle n'est pas toute-puissante.

Jean Rouaud s'attache précisément à restituer ces situations confuses, ces sortes de permanents enlacements de la vie avec la mort, ressentis par au moins deux générations. Une matière grave, qui pourrait facilement tourner au noir si, à côté de l'ironie, une sorte de constant parti pris poétique ne venait pas l'adoucir. Le regard s'élève alors à la perception des choses fines, des coïncidences et des correspondances qui procurent la sensation d'être porté un peu plus haut, de « *se hisser sur ses propres épaules* », pour reprendre l'expression si juste de Paul Valéry. Sur la réalité passe une sorte de souffle lustral qui la débarrasse d'une certaine horrible coloration « *olivâtre* ». À aucun moment Jean Rouaud ne laisse se tarir cette bienfaisante veine poétique, qu'il s'agisse des tableaux de genre à résonance bucolique, voire élégiaque, comme les fameuses pluies de la Loire-Inférieure, ou à résonance satirique, comme l'épisode de la 2 CV, voire drolatique, comme le petit voyage clandestin d'Alphonse Burgaud chez les naturistes de l'île du Levant. Parfois même on touche au lyrisme, par exemple dans telle peinture des cieux atlantiques :

> *Un bleu parcimonieux, pâle, à fresque. Un bleu pauvre face à l'éclatante richesse des gris,*

entre perle et cendre, chinchilla et suie, lavis
mouvant qui superpose ses brumes. Si la tête
vous tourne à suivre les nuées, baissez les yeux,
ouvrez une huître, décortiquez une moule :
toutes les nuances des ciels de l'Atlantique sont
répertoriées dans la nacre de ses coquillages.

Ailleurs c'est une ellipse, en laquelle s'identifie
la capacité de suggestion, l'infinité des harmo-
niques, de l'écriture poétique :

(...) quand vous douterez d'avoir été un lecteur
précoce, vous vous rappellerez qu'une raison
plus impérieuse que l'ennui vous fit interrompre,
le lendemain de Noël de vos onze ans, la lecture
d'un roman de Balzac.

De l'ordre de la correspondance poétique
apparaît sans conteste également l'esprit
d'association que l'on voit à l'œuvre dans
l'écriture. C'est ainsi, pour s'en tenir à deux
illustrations particulièrement spectaculaires,
que, dans *Les Champs d'honneur*, la pluie bre-

tonne du début du livre, merveilleusement suggérée, n'est en fait présente qu'en tant que pierre d'attente tôt disposée pour préparer le lecteur à une impression analogue, qui arrive cent dix pages plus loin : le brouillard mortel qui va s'avancer vers les soldats et les envelopper à la façon d'un crachin. On perçoit alors la fonction préparatoire de certaine phrase qui semblait d'abord ne parler que de la pluie :

Ce n'est pas une pluie, mais une occupation minutieuse de l'espace, un lent rideau dense, obstiné, qu'un souffle suffit à faire pénétrer sous les abris où la poussière au sol a gardé sa couleur claire, ce crachin serré des mois noirs, novembre et décembre, qui imprègne le paysage entier et lamine au fond des cœurs le dernier carré d'espérance, cette impression que le monde s'achève doucement, s'enlise — mais, au lieu de l'explosion de feu finale annoncée par les religions du désert, on assiste à une vaste entreprise de dilution.

Ne dirait-on pas déjà, s'avançant masqué, le nuage mortel qui s'insinue dans chaque recoin de la plaine d'Ypres ? Tout comme, dans *Des hommes illustres*, l'évocation des pannes d'électricité causées par les intempéries hivernales, en ouverture du livre, qui apparaît au bout du compte comme la répétition générale de l'autre panne, dans le cerveau de Joseph, qui débouchera sur la tragédie finale. On pense bien sûr ici à une structure concertante, avec retour en écho du premier motif et recherche de tonalités proches, d'assonances, qui inscrivent formellement l'écriture de Jean Rouaud dans l'ordre de la musicalité. Une musique justement attachée ici à retrouver dans son mouvement la... dissonance du monde.

CONCLUSION

Sans conteste, le diptyque romanesque initial de Jean Rouaud, qui se présente comme un ensemble parfaitement homogène, apporte une preuve tangible de la capacité de l'intime à réfracter les phénomènes du monde. Car c'est bien de cela qu'il s'agit, par l'entremise d'une écriture, qui passe du détail au plan large avec une enviable souplesse. De la même façon qu'elle prépare de longue main l'irruption de l'Histoire, dans la chronique des heures et des jours d'une famille de la France profonde. Avec à chaque fois, coups de cymbales en prélude, des incipits annonçant la mort du père. Puis des récits vivement conduits, au rythme d'un *allegro ma non troppo*, qui œuvre au retour du thème initial, au long d'une savante succession de méandres.

Comme pour retrouver le laborieux cheminement de la mémoire. Mais aussi peut-être temporiser. Attendre le moment où la chose insupportable sera suffisamment surmontée, pour trouver place dans un récit et, dès lors, ne plus cesser de rester présente au regard. La première tentative, *Les Champs d'honneur*, « échoue » à l'ultime moment et propulse le narrateur vers un autre Joseph : une bifurcation de dernière minute, qui impose sa nécessité aveuglante. La deuxième tentative semble être la bonne, même si elle rebondit, là encore, vers un horizon plus large et laisse ouverte la question du narrateur privé de son « je ». Ainsi se trouve préparé le terrain du troisième roman, *Le Monde à peu près*, qui paraît en 1996. *Les Champs d'honneur* et *Des hommes illustres* forment en effet un seul et même bloc, un socle des origines, qui appelle et prépare l'émergence du « je », après le « nous », le « vous » et le « il ». À partir de cet ensemble, absolument indissociable, le narrateur peut enfin s'avancer seul sur le devant de la scène, pour évoquer la période, juste après 1968, où il fut étudiant en lettres à Saint-Nazaire et se lança dans ses premières expériences d'écriture. Par la prise de distance, par l'ironie enfin possible, puisqu'il s'agit de sa propre personne, son troisième livre, d'un certain point de vue, se présente aussi comme celui du soulagement : dans les deux précédents, tout en effet se joue à l'extrême bord d'une tombe, et chaque personnage apparaît en permanence habité par l'idée de la mort. C'est ce qui donne au socle fondateur cette forte tonalité romantique, qu'on voit commencer de s'estomper dans *Le Monde à peu près*.

À deux reprises, une guerre mondiale est donc venue faire irruption dans un récit, qui paraissait d'abord sans lien avec les turbulences de l'Histoire. Retour tardif, mais inévitable, d'une réalité volontairement tenue en lisière, qu'on avait fait semblant d'ignorer en haussant légèrement le ton, en forçant quelque peu la note. Et si toutes ces boucles et autres opérations d'apparence dilatoire, qui font grandement le charme de ces livres, ne faisaient qu'illustrer une façon inconsciente de retarder l'instant crucial, quand il faut enfin admettre que l'idylle était fondée sur un réseau de profondes craquelures ? Et si la nécessité à chaque fois s'imposait au romancier de faire retentir dans l'harmonieux concert le coup de pistolet sur lequel Stendhal fondait toute écriture romanesque ? L'une et l'autre raison ont leur part, assurément, dans la dynamique de cette écriture.

Dès lors, on l'a vu, certaines descriptions, qu'on dirait complaisantes, de la France des campagnes en train de disparaître, se chargent d'une tout autre signification. Et Jean Rouaud penche alors du côté de ceux, devenus nombreux aujourd'hui parmi les romanciers, pour lesquels il n'y a jamais eu de coin perdu, de trou dans la géographie française, parce qu'aucun endroit, si reculé serait-il, n'échappe au mouvement de l'Histoire. En l'espèce, il ne sera sûrement pas démenti par les « *vieillards de vingt ans* » qu'on voyait revenir dans les bourgs après la guerre de 1914-1918. Cette génération vécut avec la guerre en tête. Comme le fit la génération de 1939-1945, représentée ici par un père, dont la mélancolie relève moins d'une complexion personnelle ou d'un atavisme familial que d'un enchaînement d'événements précédant sa naissance. La mort de son homonyme n'était pas le moindre d'entre eux. Parce que lui-même, porteur de ce prénom maudit de Joseph, reste dépositaire d'une part de la tragédie. C'est donc pour une profonde raison de nécessité que sa mort renverra d'abord à celle de l'oncle jamais connu, dans le premier livre, avant que surgisse sur le devant de la scène sa propre confrontation avec les convulsions de l'Histoire, dans le deuxième. Sous l'apparence d'insouciance de ce petit monde, qu'on croirait douillettement calfeutré dans son nid, quand dehors des tempêtes de toutes sortes font rage, c'est une langueur diffuse, mais solidement installée que l'on découvre : celle qui marque les familles françaises pendant des décennies. Le narrateur myope du *Monde à peu près* se voit d'ailleurs à son tour confronté à cette discordance entre le dedans et le dehors : seul le proche, au sens propre comme au sens figuré, lui apparaît visible, tandis que le reste voit ses contours noyés dans un brouillard à l'évidente signification symbolique. Les deux premiers romans préparaient en fait l'entrée dans le temps des incertitudes. En ce sens, la fiction, telle que Jean Rouaud la conçoit, se lit comme un authentique état des lieux.

D'où aussi les instants de drôleries et de petites folies, qui émaillent ces livres comme autant de compensations, de décompressions obligées dans une atmosphère sinon pesante, du moins jamais libérée, dans laquelle on devine la « petite tante », la porte de sa maison sitôt refermée derrière elle, n'ayant de cesse de porter son regard vers un point unique du passé, tout comme on peut supposer que Mathilde n'a plus cessé de revenir en pensée vers tel bout de champ de la région de

Commercy. Originales chacune dans un registre différent, elles ont en effet, à l'image de beaucoup d'autres, une écharde plantée dans le cœur. Jean Rouaud ne cesse, par là, de renvoyer à l'événement fondateur du XXᵉ siècle, celui qui a fourni la matrice de tous les cataclysmes modernes. Et il invite discrètement à s'interroger sur la bascule qui s'opéra alors, comme sur les possibles ignorés ou restés inexplorés. On voit ce que ses livres doivent aux interrogations du présent.

On repense alors aux deux visions de Joseph dans le cimetière, en 1940 et 1941, et à ce vouloir-vivre qu'il faillit à l'époque définitivement perdre. Plus tard, il ramasserait des pierres le long des routes, se lancerait dans un projet commercial mort-né de tableaux pédagogiques illustrés, meublerait l'espace familial de ses inventions baroques, comme s'il avait dû absolument s'illustrer et justifier qu'il n'ait pas à son tour libéré la place, ainsi que tout semblait l'y inviter. Toute la première partie des *Hommes illustres*, qui le montre vu ou imaginé au quotidien par son fils, prépare ainsi à l'idée d'une exceptionnalité derrière la banalité, d'une grandeur, dont ses originalités apparaîtront comme une forme dégradée. Les titres choisis par Jean Rouaud sont à cet égard suffisamment explicites : c'est un monument, mais sans la moindre pompe, qu'il élève à la gloire des siens, et plus généralement des anonymes que l'on oublie toujours un peu vite dans les livres d'histoire. Un contre-regard qui en dit bien plus long que des démonstrations alambiquées.

Mais la plus grande réussite de Jean Rouaud, c'est sans conteste de paraître montrer une harmonie, afin de mieux suggérer une dissonance, et d'approcher ainsi au plus près ce qui a pu se produire au quotidien : cette immobilité aux couleurs tièdes, dont on s'avisait tout à coup qu'elle obéissait aux règles d'une attraction universelle ; cette apparence de temps étale, dans une période d'accélération de l'Histoire ; cette gentille insouciance, voilant des meurtrissures à la violence à peine atténuée. Sans doute trouve-t-on là quelques-unes des raisons d'un succès, qui ne s'est pas démenti avec le livre suivant. Sa démarche vient en fait très exactement donner forme aux contradictions du vécu collectif. Chacun y retrouve, rendue visible par les incessantes permutations de focales, l'image de sa propre situation, à la fois sur la rive et au beau milieu du courant. Cette immobilité dans le mouvement, dont la perception commande le mécanisme de la conscience historique. Or l'écriture fonctionne selon un principe rigoureusement identique, avec ces tableaux relativement statiques et l'impression de « bougé », qui naît de leur succession. Il faut bien se rendre à l'évidence : on se trouve là en présence d'une concertation extrême, engendrant une singulière densité du sens. Un sens, qui lui-même touche d'une façon étonnamment pertinente — faut-il une dernière fois le rappeler ? — aux fibres les plus sensibles de la mémoire nationale.

BIBLIOGRAPHIE

Les Champs d'honneur, Éditions de Minuit, 1990.

Des hommes illustres, Éditions de Minuit, 1993.

Le Monde à peu près, Éditions de Minuit, 1996.

TABLE

Cet ouvrage a été réalisé par la
SOCIÉTÉ NOUVELLE FIRMIN-DIDOT
Mesnil-sur-l'Estrée
pour le compte des Éditions du Rocher
en janvier 1997

Éditions du Rocher
28, rue Comte-Félix-Gastaldi
Monaco

Imprimé en France
Dépôt légal : février 1997
CNE section commerce et industrie Monaco : 19023
N° d'impression : 36690

10 0381786 1

DATE DUE FOR RETURN

Collection dirigée par Patrick Besson

Déjà parus

Michel Déon, par Éric Neuhoff
Philippe Djian, par Mohamed Boudjedra
Jean Echenoz, par Jean-Claude Lebrun
Annie Ernaux, par Denis Fernandez-Recatala
Frédéric H. Fajardie, par Jérôme Leroy
Alexandre Jardin, par Alexandre Fillon
Gabriel Matzneff, par Philippe Delannoy
Félicien Marceau, par Stéphane Hoffmann
Patrick Besson, par Christian Authier
Cyril Collard, par Philippe Delannoy